CB137718

Elizabetta de la Paz

médium HELAINE COUTINHO SABBADINI
espírito NATHANAEL
Elizabetta de la Paz
LACHÂTRE

© 2016 by Helaine Coutinho Sabbadini

Instituto Lachâtre
Caixa Postal 164 – cep 12.914-970 – Bragança Paulista – SP
Telefone: (11) 4063-5354
Página na internet: www.lachatre.org.br
Email: editora@lachatre.org.br

2ª edição – Março de 2016
3.000 exemplares

Programação Visual da Capa
César França de Oliveira

Arte da Abertura dos Capítulos
Gabriel Marques
(www.criativacomunicacao.com.br)

Imagem da Página 2
Isabel de Valois, princesa de França e rainha de Espanha
1568, em pintura de Antônio Moro

ISBN: 978-85-8291-049-8

A reprodução parcial ou total desta obra, por qualquer meio, somente será permitida com a autorização por escrito da Editora (Lei no 9.610 de 19.02.1998)

CIP-Brasil. Catalogação na fonte

Elizabetta de la Paz / Helaine Coutinho Sabaddini, 2ª edição, Bragança Paulista, SP: Lachâtre, 2016.

200 pp.

1. Espiritismo 2. Romance espírita 3. Isabel de Valois (1546-1568) 4. Felipe II da Espanha (1527-1598) 5. História espanhola I.Título. II.Apêndice.

CDD 133.9 CDU 133.7

Impresso no Brasil
Presita en Brazilo

A história do mundo divide-se em um passado, no qual os homens sentiam-se atraídos pelo vácuo vibrante da Divindade, e um presente, no qual o nada do mundo é destituído desse alento divino. A mística espanhola é um momento divino dessa história.[1]

---

[1] *Des larmes et des saints* / Emil Mihai Cioran, nasceu em Rsinari, Romênia, a oito de abril de 1911 e morreu a vinte de junho de 1995. Escritor e filósofo radicado na França, país no qual também era conhecido por Émil Michel Cioran.

"Miré los muros de la patria mia,
si un tiempo fuertes
ya desmoronados
De la carrera, de la edad cansados
Por quien caduca ya su valentia.
(...) Vencida de la edad senti mi espada
y no hallé cosa en que poner los ojos
que no fuese recuerdo de la muerte."

"Olhei as fronteiras da pátria minha,
Se num tempo fortes,
Hoje desmoronadas
Da jornada, do tempo, cansadas
Para quem envelhece resta sua valentia
(...) Subjugada pelo tempo vejo minha espada
Nada existe que os meus olhos alcancem
Que não seja recordação da morte."[2]

---

[2] *Miré los muros* / Dom Francisco Gómez de Quevedo y Santibáñez Villegas, escritor, prosador e grande literato do Século de Ouro Espanhol. Nasceu em Madri a dezessete de setembro de 1580, em Villanueva de Los Infantes, morreu a oito de setembro de 1645.

Sumário

SOLICITUDE

A experiência é uma chama que só ilumina queimando.

Benito Pérez Galdós[3]

Com prazer, Helaine, informamos que acabamos de ler o novo livro de Nathanael; *Elizabetta de la Paz*. Percebemos que o seu conteúdo está muito bom, bem elaborado e numa linguagem fluente e agradável, como, aliás, tem se caracterizado todo o seu esforço mediúnico, levado a efeito ao influxo e coordenação dos queridos Benfeitores, sempre com muito zelo, carinho, responsabilidade.

Transferindo-o ao companheiro Arnaldo Rocha, interessado em conhecê-lo, este nos apresentou em retorno, as mesmas impressões. Agradecidos pela gentileza e solicitude de sempre, pedimos a Jesus que assegure paz e alegria ao seu coração.

Estamos vibrando para o êxito de sua publicação.

Parabéns.

Honório Onofre de Abreu
Presidente da União Espírita Mineira
Belo Horizonte, em setembro de 2006

[3] Benito Pérez Galdós, novelista, dramaturgo e articulista espanhol, nasceu em Las Palmas de Gran Canária, no dia 10 de maio de 1843 e veio a desencarnar no dia 04 de janeiro de 1920. Foi considerado o maior novelista do Século XIX e o maior mestre da composição literária espanhola, depois de Miguel de Cervantes.

Preâmbulo – Morte e Vida

> Porque, onde estiver o vosso tesouro,
> aí estará também o vosso coração.
>
> (Jesus, Mateus 6,21)

> Senhor, eis aqui meu coração
> Eu o ponho em vossa mão
> Meu corpo, vida e alma
> Minhas entranhas de aflição.
>
> (Teresa d'Ávila)

A passagem pela Terra é uma viagem breve, na qual se espera ansioso o porto de ancoragem da sonhada felicidade, contudo:

> os olhos se cansam de mirar,
> o corpo se alquebra de esperar,
> a alma se dilacera de sofrer,
> e tudo se resume em padecer...

"Ó porto de paz que jamais desponta!" – quanta vez repete o homem tal mote nas vias terrenas, entre lamentos de desesperança...

"Ó preciosa felicidade que se alonga, tanto mais crepita n'alma o aforçuramento por alcançá-la!" – é o bordão do desânimo entoando sua melodia fúnebre...

"Ó incoercível dor da longa espera, na companhia da quimera e do desamparo Celestial!" – alçam-se em homilias os corações doridos ao Criador, enquanto os olhos agarram-se fixos ao chão...

"Ó incompreensível morte, ó insuportável estilete da agonia, ó mal-afortunada separação; em vossos tortuosos caminhos que sôfregos e cruéis mistérios guardais?! Recolham vossos sádicos punhais!" – ecoam repetidamente os cantochões funestos da ignorância de Deus e do senso apropriado do existir, a disseminar sua ária fúnebre...

"Onde vos escondeis felicidade, nesta estrada de amarguras repleta de 'nunca mais', 'pranto e ais' e 'inevitáveis partidas'?" – disseminam-se nas vias do apego as perenes cantilenas do engano...

Surge, de inesperado, o dia em que a incompreendida agonia e a lamuriada morte, num repentino desterro, abrem os seus monstruosos portais ao coração cheio de ais!...

Enfim, chameja a consciência desperta do letargo imenso, permitindo-a emergir do egoísmo, tornando-se fulgor divino a tormentosa penumbra.

Altera-se a estreita concepção da existência,

A noite solitária e profunda abre-se, como prenúncio de novo dia,

O solo hostil transmuta-se em alfobre inexaurível, a medrar florações mil.

Por fim, pelo assombro da Verdade e em clarinadas de esperança, o navegante de tantos oceanos alcança o pontilhão da longa espera...

Compreende, ao fazê-lo, que a marcha na esfera terrena através dos mares das experiências jamais se constituirá em mera expectativa de venturoso aporte, todavia, por si só, elevar-se-á qual segura plataforma de eterna partida!

Ao Ser Supraexistente, munido desta admirável abrangência, a felicidade desvelará os seus mil segredos, num sussurro de harmonia, numa melodia dúctil de amor e em revérberos de esperança:

Morrer é sempre viver...

Compreender é mais intensamente existir, em consonância com a beleza...

Harmonizar-se no contínuo prosseguir é ajustar-se ao perfeito dinamismo celestial...

Avançar com Jesus Cristo é abdicar de si mesmo e integralizar-se à fé e à solidariedade que sustêm e unem Criador e criatura...

A fé dinamizada no Criador – no carrossel cósmico de incomensurável equilíbrio – traduz-se no apreender, por fim, a significação profunda da infinda existência...

Assimilar o significado profundo da existência é, ao mesmo tempo, conviver com proveito; amar com inocência e abraçar-se finalmente à Eterna Ventura; inda que em plena amargura, em meio à inevitável procela no mar das múltiplas vidas, agora, infinitamente distantes do porto das quimeras!

Para saber das misérias, o homem há naufragado em suas hediondas garras...

Para descobrir o puro júbilo espiritual, há submergido nas profundezas da dor e do isolamento...

Para desvelar n'alma a beleza, há conhecido a fealdade da ruína moral-espiritual...

Para conhecer o Amor pleno, que reúne o perfectível espírito ao amor divino, o coração humano há perdido o rumo no dédalo dos enganos e nos labirintos das paixões inferiores.

Lamentavelmente, desta forma, tem transcorrido a progressão das almas impenitentes, divorciadas das superiores leis da solidariedade e do amor. Nas encruzilhadas redentoras da jornada, quando o livre-arbítrio é acionado, as escolhas sempre se operam pela senda mais fácil.

Entretanto, a interminável misericórdia de Deus permite a todos volverem no caminho, concedendo-lhes novamente a escolha pela via mais feliz.

O gênero humano – vencidos os acérrimos prélios educativos – um dia colherá, em espírito, de retorno ao Éden perdido o delicadíssimo e odorífero *hellébore blanc*[4] do imaculado regozijo espiritual!

Victor Hugo[5]
Muriaé, janeiro 2006

---

[4] *Heléboro-branco* ou *veratrum viride* – rara flor alva por dentro e verde por fora, trímera (dividida em três partes) e encantadora, de rizoma curto e cilíndrico. Pertencente à família das liláceas e originária do Continente Europeu. No ocultismo o *heléboro-branco* representa a espiritualidade superior e o *heléboro-negro* ou *flor-do-inferno* o mal e é largamente utilizado em magias.

[5] Literato, vate, prosador e principal mestre do romantismo. Victor-Marie Hugo nasceu em Besançon, França, a vinte e seis de fevereiro de 1802. Hugo passou grande período em sua juventude fora da França. Como republicano passou a combater

Victor Hugo, 1876, em foto de Étienne Carjat

Charles Louis Napoléon Bonaparte ou Napoleão III. O golpe de 1851 levou-o ao exílio, na ilha inglesa de Guernsey. A expatriação de quinze anos transmutou-se no período mais fértil de sua vida literária. Anistiado pelo mesmo Napoleão III, em 1859, Hugo não quis deixar Guernsey, volvendo à França somente em 1870. Victor Hugo influenciou profundamente Literatura Ocidental. No Brasil, um de seus mais ilustres seguidores foi Antônio de Castro Alves. Hugo desencarnou em Paris, a vinte e dois de maio de 1885.

Lanternas da Fé

Vós sois a luz do mundo...
Assim brilhe a vossa luz diante dos homens...
(Jesus, Mateus 5,14-16)

Mas todas as coisas, quando reprovadas pela luz, se tornam manifestas; porque tudo o que se manifesta é luz.
(Paulo, Efésios 5,13)

Filhos meus! Erguei as lanternas da fé nas culminâncias do coração e avançai esparzindo alvíssaras do Reino!

É chegada a hora da travessia por meio da porta estreita. Porfiai sem desfalecimentos!

Eis que estrugem os relâmpagos de uma borrasca iminente, porém saneadora e prenunciando tempos novos nos píncaros das consciências humanas.

A modorra e a imprecaução, o temor e a descrença não serão justificativas no momento de ajustamento, em face do Criador, tampouco a excessiva dinâmica formalística e aparatosa, nada obstante improfícua de amor e do legítimo bem, concederão cartas de abono num Reino que dispensa aparência, palavra e ciência conceptual.

Preme a necessidade de uma nova luz nas consciências, imorredouras e divinais; urge o imperativo da instauração de sentimentos elevados, na penúria das atuações imediatistas e egocêntricas.

Faz-se o momento! Alçai os fanais da fé em Cristo, afugentando o negrume das noites da ignorância e dos erros multimilenares! Repeli das fronteiras espirituais do ser a jactância do clientelismo no poder e do exclusivismo no saber; ninguém veio para tudo e para todos!

Nas leiras do conhecimento espiritual, que, magnânimas, vos recebem em cooperação singela, encontrareis todos os ensejos de evolverdes para o Alto, em moldes cada vez mais sublimes. Não prodigalizeis a messe, não dilapideis o sagrado tesouro que vos aprovisiona os meios de restaurar um passado de ignomínias e desvãos.

Os pés enraizados à teimosia do personalismo serão enroscados pelas ervas daninhas do engodo e pelos terríveis cipoais da presunção; quem não caminha para frente e para o Alto não dinamiza, em si mesmo, possibilidades latentes, divinais.

Quem não alça o olhar para além das restritas fronteiras de si próprio e do ego constritor não conhece paisagens novas e esplêndidas...

Quem não arroja a própria alma às emoções metafísicas, por indolência ou covardia, exonera-se de gozar a magnificência do Amor Maior, adia ocasião magnífica de saborear o banquete com o Senhor...

Quem não rasga, dilacera e destrói o desejo pelo amor, pela compreensão e pela atenção, num completo esquecimento dos particulares anseios, num total desfoque de íntimas carências e amarguras, não desvelará a glória celestial de 'viver em Cristo Jesus'...

Quem não verter o sangue do sacrifício, no silêncio das lutas crucificantes, abafará dádiva inigual de laborar com afinco no agreste terreno dos débitos espirituais clamorosos.

Filhos meus! Erguei as lanternas da fé nas culminâncias do coração e avançai ofertando alvíssaras do Reino! É hora! Amanhã as circunstâncias poderão transmutar e tudo se tornará mais difícil.

Tempo dilapidado é falência iminente!

Meus filhos amados! Elevai os fanais da fé dinâmica e andai, enquanto há luz em vossos caminhos!

Teresa Sánchez[6]
Muriaé, MG, fevereiro de 2006.

---

[6] Os espíritos superiores podem transmitir as suas ideias e mensagens de variados modos, um deles pelas correntes teledinâmicas do pensamento, assim como se fazem representar por outros espíritos no contexto de suas ideias. Vide, também, "Forma e ubiquidade dos Espíritos", *O livro dos espíritos*, questão 89.
Evolução em dois mundos, espírito André Luiz:
"Quais os mecanismos das alterações de cor, densidade, forma, locomoção e ubi-

Monja Teresa Sánchez Cepeda y Ahumada (Teresa d'Ávila), 1644, em pintura de autor desconhecido

quidade do corpo espiritual?"
"– A pergunta está criteriosamente formulada; no entanto, para a ela responder com segurança precisamos dispor, na Terra, de mais avançadas noções acerca da mecânica do pensamento." (Notas autorizadas pelo autor espiritual.)

Felipe II de Espanha nos últimos anos de sua vida, em pintura de Juan Pantoja de la Cruz, 1590

1. No Reino da Consciência

Mas aniquilou-se a si mesmo tomando a forma de servo, fazendo-se semelhante aos homens.
(Paulo - Filipenses 2,7)

Senhor dá-me de beber para que nunca mais eu volte a ter sede.
(Teresa d'Ávila)

No extinguir do ano 1598, em regiões espirituais que envolvem a velha Europa, designadamente os confins hispânicos, portugueses, italianos e franceses, detectamos um vulto diáfano retornando à vida verdadeira, repercutindo ainda no envoltório etéreo a lassidão decorrente das pelejas existenciais.

Repousado sobre um leito alvo, o ancião despertava gradualmente, fitando através das vidraças cristalinas, próximas e entreabertas, um esplêndido horto repleto de arbustos verdes, macieiras, castanheiras, soberbas florações e caramanchões em policromia, toda paisagem acariciada pelo sopro translúcido de uma brisa ligeira.

O recém-chegado, erguendo o dorso do leito, percorreu os olhos no quarto singelo divisando diante de si uma ara com um belo arranjo floral e, sobre ela, pendurada à parede, uma soberba tela pintada com a face de Jesus Cristo.

Com dificuldade ergueu-se novamente no leito para fitar aquele divinal esboço que lhe parecia vivíssimo, com os olhos a devassarem-lhe os segredos da consciência...

Jamais vira nada tão magnífico, pensava consigo mesmo. Apertando os olhos, conseguiu ler na base da obra artística, que lhe parecia ter vida própria: "Io, Leonardo".[7]

Ainda sem compreender exatamente os acontecimentos, o velho homem recostou novamente sobre os travesseiros e durante muito tempo passou a resgatar as suas últimas lembranças na terra. Duas lágrimas diamantinas penderam de seus olhos, quando, subitamente, rememorou a si próprio num amplo leito podado por enfermidade pertinaz, nos últimos instantes sorvidos na existência física. Principiava a resgatar cada evento dos dois últimos meses atado ao leito: as febres, as dores lancinantes, a semiconsciência e o fim inevitável.

De repente recordou o seu derradeiro olhar no amado paço de San Lorenzo de El Escorial, em Espanha, quando da grande janela de seu quarto, sustentado nos braços dos pajens, endereçou o inevitável adeus aos jardins de sua Morada Eterna. Depois o nada, o vazio, o imponderável no qual submergiu...

Agora as lágrimas transformavam-se num pranto sentido ao perceber a singeleza da instituição que o acolhia amorosamente. A ufania, o poder, as riquezas e o grande domínio foram todos deixados irremediavelmente para trás.

O espírito, ostentando aparência de varão septuagenário, com as mãos trêmulas secava as próprias lágrimas, quando notou entrar no quarto uma simpática figura feminina, irradiando serena luminosidade e a sorrir-lhe com meiguice. Súbito, reconheceu-a:

– Preciosa monja Teresa Sánchez! Que alegria em vos reencontrar! – propagou o convalescente sem permitir a visitante uma só palavra, que permanecia sorrindo bondosamente.

– Meu caro filho, finalmente recobrastes a lucidez! Tenho vos visitado todos os dias, desde que regressastes da terra.

– Muito agradecido, madre! Pois informo-vos que não demorei a reconhecer a minha nova condição, graças ao bom Deus!

[7] Célebre pintor conhecido como, Leonardo de Vinci, nasceu em Anchiano, vilarejo próximo à cidade toscana de Vinci, a quinze de abril de 1452 e morreu em Cloux Ambroise em dois de maio de 1519. Arquiteto, Engenheiro, Cientista, Escultor e Pintor Renascentista. É considerado um dos maiores gênios da humanidade. Vinci assinava as suas pinturas unicamente como Leonardo ou 'Io Leonardo' (Eu, Leonardo). (Nota autorizada pelo autor espiritual.)

– Felicito-me por isso, meu valioso amigo! Muitos de nós, tristemente, carregam por longo tempo e fortemente arraigadas as impressões da terra. Sempre digo aos meus pupilos: começamos a viver no céu em pleno campo de lutas terrenas! Não se pode esperar o reino de Deus com o reino da consciência no inferno das culpas!

– Quanta verdade, estimada monja Teresa! Quanta verdade! Agradeço o carinho para com a minha pessoa. Infelizmente agora nada mais vos posso oferecer!

– Vedes?! Esta vossa expressão denota o que acabei de expor. Possuís tudo para oferecer, meu filho. As vossas grandes dádivas às congregações carmelitas, não só de Pastraña, através do leal dom Ruy Gómez; as vossas prestimosas intercessões em Roma na nomeação de núncios simpáticos à novel ordem das irmãs descalças; os generosos óbolos, bastante discretos, para a constituição dos demais claustros espalhados pela Espanha, eternamente representarão os dons de vosso coração generoso e obediente a Deus. Continuais a possuí-lo! – o antigo líder político de Espanha baixou o cenho emocionado, ao mesmo tempo, algo envergonhado de si mesmo, ao ouvir alusões tão legítimas.

– Sem dúvida, monja Teresa! Não percebemos o quanto somos agrilhoados psiquicamente aos valores terrenos; mesmo depois de vencidos os umbrais da morte, faz-se necessário um grande esforço para dissolvermos as antigas fixações...

– Seguramente, meu querido filho! Contudo, chamai-me apenas irmã Teresa se desejardes. Presentemente observo como as mentes nas paisagens da esfera terrena ainda se afeiçoam ao maravilhoso, bem como aos protótipos daqueles aos quais titulam 'santos', quando na realidade somos todos espíritos em luta ascensional, sendo a santidade um estado de constante peleja iluminativa interior, ao alcance de qualquer alma de boa-vontade.

"No entanto, prefere-se atribuir às almas vigorosas, combatedoras, incansáveis na causa do bem, que, por amor a Jesus Cristo, à custa de dores e lágrimas grimparam as árduas escarpas da melhoria íntima, ares de uma beatitude gratuita, como se o Criador as elegesse para sustentarem a auréola de santidade.

"Retornando às impressões terrenas, afirmo-vos: nada maléfico existe que não consigamos vencer com esforço, fé e o amparo de Jesus Cristo. Ainda saboreio as anotações do respeitável irmão Agostinho, como o fazia na terra, e uma delas, bastante oportuna, vem-me agora à memória:

> *Para vós, Senhor, a cujos olhos está patente o abismo da consciência humana, que haveria em mim oculto, ainda que vo-lo não quisesse confessar? Poder-vos-ia ocultar a mim mesmo, mas não poderia esconder-me de vós. Agora que os meus gemidos são testemunhas de minha infelicidade, vós iluminais-me, felicitais-me, e eu de tal modo vos amo que me envergonho de mim.*[8]

"A consciência humana é o grande juiz que sempre há de condenar ou absolver a cada um de nós, meu caro amigo. Se nas experiências da matéria pudéssemos despertar para essa realidade sofreríamos muito menos!

"O excelente apóstolo do Cristo, Paulo de Tarso, anotou à comunidade cristã de Filipes, na Macedônia, algo digno de nota: '*o Senhor Jesus aniquilou-se a si mesmo e, tomando a forma de servo, fez-se semelhante aos homens.*' Quanta sublimidade e ensinamento oferece-nos tão simples exortação! Diante de pequena oportunidade de poder e autoridade, crescemos aos olhos dos semelhantes, julgando-nos especiais. Com inenarráveis lutas, resisti, meu amigo, de modo a sobrepujar as imposições do mundo, que apenas refletiam as minhas fraquezas interiores!"

– Ó boa Irmã Teresa, quisera volver no tempo e ter-vos solicitado maiores alvitres! Como sois clarividente, e como minha saudosa esposa Elizabetta vos amava, sem medidas... Quantas vezes rogou-me visitar-vos e o quanto interferiu, junto a mim, em obséquio às remessas silenciosas para a construção e reformas das abadias pela Espanha...

Num sorriso amável e discreto a protetora obtemperou:

– Que dádiva de carinho! Que maravilha quando tudo oferecemos a Deus! Conhecedora destes fatos e de alma agradecida, trouxe-vos visitas! Antes, informo-vos que vossa extremada genitora, dona Isabel, já esteve vos assistindo quando do trespasse para nossa instituição e em breve tempo retornará.

---

[8] Confissões, O Apelo a Verdade. Santo Agostinho ou Aurelius Agustinus, bispo de Hipona, nascido em Tagaste, província romana da Numídia no ano 354 d.C. e morto em 430 d.C. (Nota autorizada pelo autor espiritual.)

A antiga monja carmelita, arrastando uma espécie de burel muitíssimo alvo, dirigiu-se à porta e chamou alguns enfermeiros. Depois de confabular alguma coisa, entre sussurros, voltou à orla do leito do recém-chegado.

– Proporcionar-vos-ei visitantes que muito vos alegrarão. Faço-o em preito de enorme gratidão pelos bens dispensados por vosso generoso coração aos pequeninos do mundo e no auxilio à difusão da fé cristã, em suas bases de simplicidade e suave austeridade.

Encaminhando-se novamente até a porta, a ex-religiosa e fundadora da admirável 'Congregação das Carmelitas Descalças', trouxe duas soberbas jovens retiradas dos corpos, que caíram em profundo letargo em seus aposentos terrenos.

O ancião, num salto sobre o próprio leito, não coube em si de contentamento, distendendo os braços e bradando o nome das filhas, enquanto prorrompia em pranto incontrolável:

– Isabel Eugênia, Catalina Micaela! Minhas queridas, minhas queridas!... – as jovens lançaram-se aos abraços do pai que amavam sem medidas. O convalescente acarinhava especialmente a bela Catalina Micaela, que partira de Espanha em seguida ao seu matrimônio com o duque Carlos Manuel de Saboia, rumo às terras do esposo, na Itália. Nunca mais retornou à terra natal, deixando bastante amargurado e saudoso o coração paterno.

Dividindo-se em afetos, beijou iteradas vezes as mãos de Isabel Eugênia, luz de sua vida, sua amada primogênita, companheira e assessora na governança de Espanha, tradutora oficial da corte e única para qual desejou legar toda a sua glória, todo o seu poder.

Depois de largo tempo na troca de notícias e doces afagos, a ex-religiosa, Teresa d'Ávila, abordou-os comunicando que chegava a hora da partida, contudo empenhava uma promessa às jovens: outras visitas se sucederiam ao pai amado.

O antigo monarca de Espanha profundamente agradecido a Deus, com os olhos semicerrados e de alma enlevada, permaneceu em prece silenciosa, depois de se distender outra vez no leito. Ao fazê-lo, vislumbrou a ex-monja carmelita a deslizar silenciosamente pelo quarto, fechando o cortinado alvo de rendas. Antes de partir, afagou-lhe ternamente a fronte, murmurando baixinho:

– Um enfermeiro trará uma jarra d'água impregnada de energias especiais. Tomai pequeninos goles em breves intervalos de tempo e repousai. Voltarei mais tarde.

Acenando com o cenho num sorriso pacificado, o paciente agradeceu.

Recordava-se lentamente que a estimada religiosa, vencidas várias décadas de exaustivos empenhos por Jesus Cristo, havia retornado à pátria verdadeira cerca de quinze anos antes daquele momento, deixando os rotos indumentos físicos, esgotados pelas pelejas e enfermidades, no solo da querida vila de Alba de Tormes, próximo a Ávila.

No decurso de algumas horas, submergiu num sono leniente e reparador; depois disso, despertou devagarzinho, divisando uma leve movimentação no cômodo.

Pouco a pouco, delineou-se-lhe à visão cansada bela figura de um jovem trajando um alvinitente indumento que muito o fazia recordar as roupagens dos primeiros franciscanos.

O rapaz, de face suave e sorriso bondoso, adiantou-se e abeirou o leito em amável saudação:

– Sede bem-vindo, caro irmão! Chamo-me Eustáquio. Estais vos sentindo melhor?

– Muito bem, obrigado! Percebo-me cada vez mais restaurando o domínio sobre mim mesmo, recuperando-me das pelejas na carne, de cujas impressões vou me liberando gradualmente.

– Fico bastante satisfeito! Esperávamos o vosso regresso com grande expectativa; tudo estava preparado para vos receber. Aliás, muitos de nós estivemos constantemente presentes em vossos últimos meses de vida terrena, na antiga morada de El Escorial.

– Agradeço, prezado companheiro, agora que obtenho a oportunidade de fazê-lo! Jamais deixei de confiar no amparo de Deus nos momentos sorvidos na rude moléstia e afogados em dores atrozes.

Fixando o olhar estático ao redor, principalmente na parede fronteiriça, o ex-governante, estranhando algo, inquiriu curioso:

– Prezado Eustáquio, asseguro-me de que, quando despertei, pela primeira vez, estendia-se na parede à nossa frente uma magnífica pintura do busto de Nosso Senhor Jesus Cristo, assinada 'Io, Leonardo'. Agora percebo esta outra, em seu lugar, tão esplêndida quanto a última, contudo, da face da Mãe Santa de Jesus...

– Com certeza! Serenai, pois isso não é fruto de vossa imaginação. As imagens vão sendo substituídas, assim como a ambiência aos poucos vai se cambiando, através do comando de mentes superiores! Antes, devo vos esclarecer que esta instituição socorrista é um apêndice de outra, bem maior, por sua vez vinculada a uma portentosa colônia espiritual.

“Tudo que vive, desenvolve e evola para Deus, obedece a desígnios impalpáveis, correspondendo a um elevado programa onde a ordem, o mérito e a responsabilidade são gerenciados pela magnânima lei do amor. Desta forma, este prolongamento, que é um setor da instituição-mãe, alberga espíritos egressos dos pisos de lides terrenas, para onde demandaram obedecendo a ditames maiores: obrar em penhor dos valores religiosos e sociais elevados...

“Exalte-se; não são almas vulgares, de modo diverso, foram ancestralmente experimentadas para os misteres do Alto a serem atendidos na esfera física. Com isso não estou a afirmar que todos os líderes no mundo vêm para este aprazível remanso. Muitos déspotas e dissolutos existiram...

“Representais, neste pequeno protetorado de passagem, uma individualidade de sumo valor no progresso das sociedades que viveram no conhecido ‘Século de Ouro Espanhol’, na velha Europa. Entretanto, trazíeis para tal compromisso especiais aptidões, fruto de diversos exames pretéritos.

“O século XVI, na Espanha, futuramente será reconhecido como um momento evolutivo especialíssimo para as sociedades humanas: as descobertas náuticas impetradas pelo reino de Castilla; o fastígio de seus mais ilustres monarcas; o auge da arte e da literatura... Enfim, tudo isso já está nos anais da colônia máter que dirige este instituto, e nele para sempre inscritos nomes de destacados monarcas espanhóis e franceses, portugueses e italianos, assim como de grandes mestres e exímios pintores, quais: El Greco, Ribera, Zurbarán, Murillo, Diego Velásquez; os italianos, Ticiano, Veronesi, Sofonisba Anguissola, Michelangelo, Leonardo de Vinci...

“Imortalizaram-se incontáveis literatos hispânicos, como: Miguel de Cervantes, com suas peças; as poesias de Calderón de La Barca, de Garcilaso de La Vega, de Luiz de Góngora, de Francisco de Quevedo; as comédias de Lope de Vega...

"Num mesmo contraditório momento, pois magnífico e deplorável, em decorrência das ações inquisitoriais, alvitre das almas ambiciosas, ajuntaram-se grandes almas na terra, qual a de nosso inolvidável 'Franciscano de Fogo', Pedro de Alcântara; de Juan de La Cruz, de nossa veneranda Teresa d'Ávila; de João d'Ávila, teólogo e grande mestre espiritual; de Luis Ponce de Léon, também teólogo, inspirado trovador místico e catedrático da universidade de Salamanca. Tempos imortais do jesuíta e grande de Espanha, Francisco Borgia, e tantos outros...

"Sim meu irmão, torno a repetir: período admirável e colidente, pois que as bocas terríveis das fogueiras se abriam para engolir os destoantes da fidedigna casta espanhola católica.

"Concomitantemente, o reino espanhol granjeava as aparatosas conquistas com Ponce de León, Hernán Cortez e Bernal Díaz del Castillo. O povo espanhol com admiração ouviu propagar-se, na capital e em todos os confins hispânicos, as novas da conquista do reino andino e soube de suas extraordinárias belezas e soberba cultura, através das narrativas de Garsilaso, "*el inca*", descendente de um conquistador espanhol e de uma princesa de Cuzco.

"Antônio Nebrija, o destacado gramático da renascença espanhola, formalizou a língua hispânica, considerada a primeira das línguas europeias, transformando-a num idioma universal. Registrou o ilustre Nebrija uma assertiva que se tornaria imortal: '*la lengua fue compañera del imperio*', a língua foi companheira do império...

"Todos os gêneros literários abrolharam à luz desta época fulgurante: o épico, o lírico, o dramático, o cômico, além de uma produção característica: a 'narrativa picaresca', estilo de novela, a princípio anônima, que se difundiu como um estilo eminentemente espanhol: *Don Quixote de la Mancha*, de Miguel de Cervantes, é um desses exemplos...

"Ao mesmo tempo floresceu a literatura beata, dos religiosos, dos monges e dos místicos, num momento social em que as questões religiosas eram vividas intensamente e de forma dramática."

Felipe escutava profundamente pensativo e sentia, então, muito maior o peso de sua responsabilidade em todos aqueles eventos que repercutiriam, para sempre, na história de sua nação.

– No entanto, a história posterior de Espanha, em particular, é apenas um pálido reflexo deste tempo áureo. O espírito que neste prélio físico foi conhecido por Felipe II de Espanha ostentou em sua biblioteca de El Escorial um patrimônio inconcebível de peças literárias, telas de grandes mestres e roteiros teatrais, rico acervo do renascimento cultural da humanidade, aliás, período evolucional adrede e cautelosamente preparado pelos altos cimos da vida...

"Felipe herdou do imperador Carlos de Gantes, seu pai, gigantesco prestígio e nenhum outro monarca, em seu tempo, jactou-se de uma herança de tal porte... "O rapaz desde os dezesseis anos dirigiu com galhardia o reino da Espanha, os Países Baixos e vasta extensão do Novo Mundo."

Eustáquio, num suspiro sereno, lançando um olhar pacificado para o vergel exterior, prosseguiu:

– Imaginais, meu irmão, agora desamarrado do indumento pesado da matéria, quantos milhões de almas permaneceram sob a administração do jovem príncipe?! Eram eles velhos, moços, crianças, nobres e plebeus; detentores de variados credos, raças e classes sociais, tendo, posteriormente o rapaz desdobrado a sua pujança administrativa a toda península Ibérica.

"Há certa especificidade neste 'posto de passagem', o que não quer absolutamente dizer que os espíritos aqui recebidos e hospedados sejam mais importantes ou privilegiados aos olhos do Todo Poderoso, contudo, foram únicos em suas funções. Destarte, tudo aqui se impregna da aura que lhes envolveu as tarefas na Terra.

"A música ambiente, as belíssimas pinturas e afrescos, até a sublime decoração, porém, sem qualquer ostentação, espelham o traço da cultura renascentista espanhola, italiana e francesa. Ademais, toda verdadeira preparação, no apuro dos talentos divinais, na arte e no belo, é feita nas paisagens espirituais superiores a se refletirem, em forma de lembranças, na existência física.

"Esta nobre face da sacrossanta Mãe de Jesus Cristo, como podeis perceber, mostra a assinatura: 'Anguissola',[9] pintora italiana e vossa

[9] Sofonisba Anguissola, pintora da renascença. Nasceu em Cremona, Itália, no ano 1527, e morreu em Palermo, no ano 1623. Foi a primeira mulher artista a conquistar respeito e notoriedade internacional. Admirada por Michelangelo e, posteriormente, laureada por Antoon van Dyck. Conquistou a amizade dos monarcas Felipe e Elizabetta de Espanha, tornando-se a retratista oficial da corte espanhola. Fez incontáveis portraits da família real espanhola. (Nota autorizada pelo autor espiritual.)

muito conhecida amiga. Sofonisba Anguissola, por seu grande talento, ao ser convidada para tornar-se retratista oficial na corte de Madri, inscreveu seu nome, com laurel, na história da arte renascentista."

Sorrindo com bonomia, Eustáquio rematou a valiosíssima exposição elucidativa, também no intuito de auxiliar o interlocutor no resgate das preciosas recordações. Pediu licença, com delicadeza, e aprontou-se para retirar-se, não sem antes se inteirar das necessidades do interno.

O afável ex-frei franciscano, um simples enfermeiro, deixou o antigo líder espanhol submerso em grande perplexidade por seus largos conhecimentos, oferecendo-lhe uma verdadeira aula magna sobre a renascença cultural da humanidade, mormente em Espanha.

As elucidações de Eustáquio funcionaram com divinal sabedoria, à feição de estímulo para o resgate de valiosas lembranças, que passariam a germinar na mente do interno, proporcionando-lhe fundas reflexões acerca de Deus e das responsabilidades espirituais, diante a vida e dos semelhantes.

Aquele que se destacaria, em tempos vindouros, como um dos maiores líderes que a nação espanhola que o mundo já conheceu, repesava o grande compromisso na justa aplicação dos talentos emprestados pelo Criador, a fomentar vida feliz e progresso, em prol do bem para todos os seres.

2. Espectro na Madrugada

O vento sopra onde quer, ouves a sua voz, mas não sabes donde vem, nem para onde vai; assim é todo que é nascido do espírito.

(Jesus, João 3,8)

Que mais quereis, ó alma, que mais buscais fora de vós, se encontrais em vossa própria intimidade toda a riqueza, a satisfação, a fartura, o Céu e o vosso Amado, a quem avidamente procurais e desejais?

(São João da Cruz)

Despontava a madrugada do dia vinte e quatro de agosto do ano 1572, sob a ressalva espiritual, destacou-se um vulto etéreo feminino adentrando os portais da velha Paris; estático, magnetizado e magicamente fascinado, lançando-se para determinada situação e lugar...

Como guindado por força sobrenatural, o perfil diáfano de soberba jovem de pálidas feições fantasmagóricas prosseguia arrastando o longo traje, fazendo cintilar na obscuridade um rosário de madrepérolas e ouro, pendido da mão esquerda... Rasgava a noite fortemente impelida para a direção de sua remota residência na cidade natal, como que atraída por um imã irresistível e poderoso... Fora arrebatada repentinamente do local onde remanescia na melancólica companhia do esposo amado e das pequeninas filhas, abandonadas pela força do enigmático destino, recém-natas nos berços inocentes, nas distantes plagas castelhanas de Aranjuez, em território espanhol.

A encantadora feição fantasmagórica, solitária e errante, aportou o antigo torrão pátrio, adentrando, qual autômato, por seus logradouros e, embora na condição de espírito livre, encontrava-se ainda torturada e consumida nas próprias amarguras, passados algo mais de três anos de seu traspasse para a vida verdadeira. Ainda sorvia as agruras da extinção infausta em plena mocidade, os dissabores, o isolamento, as amarguras comuns às existências dos seres proscritos e envergonhados de si mesmos, que muito mais poderiam ter oferecido à vida dos tantos bens que receberam.

Imediatamente, num lampejo da morta perceptibilidade, experimentou olhares sinistros espreitando-a submersa na madrugada abafada, enquanto caminhava impulsionada por incógnito vigor, rompendo praças, calçadas e as ruelas engastadas de pedras boleadas e ligeiramente rociadas pelo imperceptível sereno...

O espectro abraçado pelo espesso negrume, com um fitar estável, não virava a face, atemorizado em devassar-se às intenções medonhas, ameaçadoras e horripilantes a vigiarem-no os mais singulares movimentos.

Súbito a atmosfera sobrecarregou-se e, como se entre os vivos da terra ainda estivesse, a emblemática alma deambulante passou a respirar com dificuldade, sorvendo odores pestilenciais exalados de todos os cantos que lhe pareciam sufocar, impregnando toda paisagem, visível e invisível...

Agora, com maior nitidez, examinava bastante acuada emergirem da escuridão almas estranhas, desgrenhadas e assustadoras, como advindas de regiões abissais, cujos olhares se multiplicavam, cada vez mais próximo...

Não obstante a bela jovem de face e mãos muito lívidas, marmóreas, encobrisse cuidadosamente a própria identidade sob o capuz da volumosa capa de *taffetas*[10] carmesim, de forma inevitável seria logo descoberta. E, por mais buscasse adiantar os passos, de modo repentino os pés pareciam algemados a pesados grilhões.

[10] Tecido encorpado, de seda, que no Brasil recebeu o nome de tafetá.

Assaltada por um magote de espíritos em zombaria, não se deteve, não recuou, com firmeza distendeu o braço e, com a destra espalmada com soberania, qual se ainda dentre os vivos se encontrasse, intentou impor autoridade, ordenando liberdade para a própria passagem; contudo, trazia a intimidade do ser em completo pânico e terror.

– Ora vejam quem rompeu a suntuosa cripta e tornou ao covil dos lobos traiçoeiros! – galhofou um perfil enegrecido, irrompendo numa gargalhada bestial.

– Sim, a pequena e doentia Isabelle de Valois, barganhada pela própria mãe traiçoeira para atender, como sempre, os seus interesses vis! – assegurou outro, no meio da massa que se avolumava em torno do espírito perdido e desgarrado da custódia celestial.

– Infame! Como podeis ainda voltar ao antro das víboras peçonhentas que comeram a própria cria?! Porventura vos apressais a coligar forças com os traidores?! – acusou um terceiro.

– Sim, claro. Certamente é esse o motivo de vosso regresso. Tornastes para assessorar o sinistro decreto de vosso abjeto irmão, cuja mão, para sempre marcada pela ignomínia e pela vergonha, foi habilmente conduzida pela mente da diabólica rainha, na assinatura execranda... – garantiu mais um, espumando em fúria e com ares de autoridade, empunhado uma foice.

– Ordeno, em nome de Nosso Senhor Jesus Cristo, que vos afasteis de mim! Nada sei do que proclamam... Apenas venho em visitação tardia ao saudoso lar. Não retorno para reunir forças com minha genitora... Como bem deveis estar informados, desde há muito meus interesses se deslocaram dos bens desta pátria e, pesarosamente, agora da própria nação que me foi ofertada, por Deus, como carinhoso domicílio – defendeu-se a jovem com olhos injetados, em tom amargurado.

– Farsante, mentirosa, falaciosa! Não creiais nela! – desdobravam-se os milhares de impropérios advindos de toda parte.

– *Par Dieu*![11] Retorno por meu pobre irmão, porquanto possuo notas de que o infortunado padece de meus próprios achaques e enfermidade... Portanto, abandonai-me... Deixai-me passar, ordeno-vos!... – insistira o espírito.

[11] Por Deus

– Calai, estúpida! Se imaginais que somos mentes simplórias e vossos sequazes, estais muito enganada! Tudo está consumado... – insurgiu com alarde pavorosa figura, tomando destaque em meio à multidão, trajado como militar castelhano e à feição de líder da aglomeração de almas revoltadas, na iminência de uma guerra apavorante e de graves proporções.

A jovem sentia a compleição etérea vacilar; parecia-lhe que a consciência se apagaria a qualquer momento e a abdução pela massa ensandecida tornar-se-ia algo incoercível. Esforçava-se por acelerar as passadas, mas em vão... Encontrava-se magneticamente presa aos infelizes opressores.[12] Prorrompendo em inestancável pranto, enquanto detritos eram-lhe atirados de todos os lados, palavras chulas e impropérios eram proferidos contra seu nome e família.

Qual submersa em pesadelo infindável, a entidade espiritual, de compleição juvenil e formosa, orava fervorosamente a Deus já despojada ao chão sob os azorragues do aluvião impiedoso.

– Destruamo-la! Afinal, temos ouvido constantemente nos últimos dias, em meio às tantas urdiduras, o nome de seu imponente esposo espanhol, dom Felipe, bem como de seu fiel ministro de guerra, dom Fernando Álvarez de Toledo y Pimentel, o prestigioso duque d'Alba, combatente ferrenho da reforma[13] e implacável perseguidor dos huguenotes[14]... Ameaça o poderio da cobiçosa filha de Lorenzo

[12] *O livro dos espíritos*, questão 459: "– Exercem os espíritos influência em nossos pensamentos e atos?" "– Muito mais do que supondes, a ponto de serem eles que, de ordinário, vos dirigem."
Onde existirem as individualidades encarnadas existirão espíritos coligados às suas mentalizações, sentimentos e ações, que se lhes identificarão aos propósitos. Bem como muitos há, defraudados da razão, da elevação espiritual e dos princípios superiores que se valem de todas as circunstancias infelizes, individuais ou coletivas, para incitar e majorar o mal. (Notas autorizadas pelo autor espiritual.)

[13] A reforma protestante foi um primeiro movimento, seguido de vários outros, que teve seu início no século XVI, cujo objetivo foi reformar a igreja católica romana. Propagou a bifurcação do catolicismo em diversas igrejas cristãs, dentre as quais se destacam: a luterana, fundada por Martinho Lutero; a anabaptista (cristã conservadora), a calvinista, bem como outras várias igrejas reformadas. A reforma protestante teve o escopo de moralizar a religiosidade, sobrelevando a ética, a conduta moral e espiritual dos indivíduos.

[14] Nome pejorativo dado aos primeiros protestantes franceses, devido aos cultos notívagos nos arrabaldes da cidade francesa de Tours, em esconderijos próximo ao portal de Hugon, donde partiram os movimentos na França.

de Médici com o definitivo domínio na governadoria dos Países Baixos e a crescente soberania na Europa... Não fora por mais esse motivo nosso útil aliado, o ingênuo almirante Gaspar de Coligny, seria ouvido pelo impotente rei, que, sordidamente, assentiu com o atentado que quase extirpou a vida do fiel amigo.

– Certamente. Destruamo-la! – exigiu uma voz sagaz repercutida no vácuo, para depois alertar: – Entretanto, companheiros, auscultem a sinistra quietude e lembrem-se de que nossos informantes alertaram-nos de que não tardará a abominável *carnage*...[15]

Um silêncio tumular acometeu aquela inumerável afluência de espíritos envolvidos na urdidura, que arrolaria os dois planos da vida.

Com brusquidão, as altissonantes badaladas nos píncaros da catedral de *Saint-Germain-l'Auxerrois* quebraram a mórbida placidez com ruidosas e sombrias expectativas, às aproximadas três horas da madrugada, retirando a população de seus leitos. A algaravia foi total, também, entre os habitantes do mundo invisível, que sempre acompanham as iniciativas dos transeuntes das vias terrenas. Empunhando espadas e foices, bordões, lanças e machados, alardearam:

– Eis o traiçoeiro sinal! Busquemos os nossos postos, busquemos os nossos postos! – bradou aquele que parecia um dos chefes da turba ensandecida.

O vulto espiritual feminino que mal abordava o local, agora liberado do acossamento das mentes delinquentes e pressentindo a iminência de algo aterrorizante, levantou-se e, desabalando em grande açodamento, rumou para a antiga casa palaciana. Aportando os seus limites, foi atropelada por possante armada de soldados franceses, saídos da residência de seus próprios familiares. Trajados com fardagens, armas em punho e ostentando a bandeira da França católica, comboiavam um de seus irmãos consangüíneos, na recente experiência sorvida na carne; o conhecido duque de Guise, a liderar o infausto ato de traição e horror, que, somente naquele momento, o melancólico espírito abrangia...

[15] Carnificina (Notas autorizadas pelo autor espiritual.)

As altissonantes badaladas esparzidas do pináculo de Saint-Germain, cada vez mais ensurdecedoras, depressa se mesclavam a um hediondo alvoroço. No crescente tumulto, ajuntavam-se, nos mesmos desígnios inconfessáveis, individualidades dos dois patamares da existência.

A cavalaria real do rei francês Carlos IX, com seus arautos, sugeria, ao dividir-se em grupamentos a seguirem distintamente para todos os cantos da cidade, obedecer a uma ampla estratégia de eliminação, que abarcaria toda Paris...

Avançavam inflexíveis, guindados ao tenebroso propósito e às forças trevosas do invisível, sob o clamor:

– *Massacrez aux ennemis*! *C'est le désir du roi*! Massacre aos inimigos! Este é o desejo do rei!

– *Massacrez aux hérétiques*! *C'est le désir du roi*! Massacre aos hereges! Este é o desejo do rei!

Propagou-se aos olhos aterrorizados do sensível coração, que há pouco mais de três anos havia deixado o débil e adoentado corpo físico, depois de uma sucinta existência pejada de lutas físicas e morais, um dos morticínios mais nefandos que a história de seu antigo país e do mundo teria notícias.

Atordoada, prontamente ouvia com cabal nitidez:

"Massacre aos huguenotes!"

"Massacre aos huguenotes!"

Sem concatenar as ideias confusas, fugiu rapidamente das cenas dantescas e correu ao encontro do irmão, convocado ao poder temporal, para ajuizar dos acontecimentos, entretanto, sabia que não mais poderia entender-se com ele, como outrora, em prol das devidas explicações pela terrível *tuerie*[16] coletiva.

[16] Chacina (Nota autorizada pelo autor espiritual.)

3. Noite de São Bartolomeu[17]

Onde estiver o cadáver, aí se ajuntarão os abutres.

(Jesus, Mateus 24,28)

Nada te perturbe, nada te assuste, tudo passa, só Deus nunca muda. A paciência tudo alcança, quem tem a Deus nada lhe falta. Só Deus basta!

(Tereza d'Ávila)

Adentrando velozmente numa câmara bastante reservada, o vulto espiritual, que em exíguo período na terra ostentou a alcunha de Isabelle de Valois, encontrou um infortunado jovem, de apenas vinte e dois anos, assentado a um canto sobre os ladrilhos frios do piso. Abraçado às pernas dobradas e com a face afundada sobre os joelhos, em tremores assombrosos, o rapaz não conseguia estancar o pranto convulsivo.

– *Par la mort de Dieu,*[18] Charles-Maximilien! Meu pobre irmão, o que fizestes? No que transformastes o vosso domínio? – protestava o angustiado espírito, como se pudesse ser ouvido pelo ente afeiçoado.

[17] Bartolomeu, também conhecido como Nathanael, apóstolo de Jesus Cristo, filho de Tholomai, nasceu em Caná na Galileia, na aldeota onde Jesus transformou água em vinho. Pertenceu ao colegiado dos doze. Reza uma tradição que o apóstolo Bartolomeu evangelizou na região das atuais Índia e Armênia e, neste último local, converteu o rei Polímio, seus familiares e diversas pessoas ao cristianismo. Foi martirizado, escalpelado até a morte. Canonizado pela igreja, foi concedido a são Bartolomeu o dia comemorativo de 4 de agosto. (Nota autorizada pelo autor espiritual.)

[18] Expressão que literalmente traduzida significa: 'Pela Morte de Deus'. Contudo,

Entretanto, Charles, possuidor de aguda sensibilidade espiritual, num semitranse, divisou, com perfeita nitidez, o vulto da irmã morta prorrompendo em desordenadas justificativas:

– Isabelle, querida irmã! Obrigaram-me. Não me censurais... Lutei, lutei com todas as forças para vencer a veemência e o ódio de mamãe contra os reformistas!... Contudo, quando o seu ânimo vingativo ajuntou-se à obstinação de Edouard,[19] tudo em minha mente pareceu soçobrar...

A narrativa entrecortada de soluços prosseguia, enquanto aos olhos do espírito era inequívoco o domínio espiritual maléfico manietando a mente frágil do jovem Charles-Maximilien.

– Declararam-me ser imperioso o extermínio do fiel e generoso amigo Coligny,[20] pretextando a ameaça de sua crença para os interesses da corte francesa, desconsideraram-me os sentimentos, feriram-me com o mais afiado de todos os punhais, cortaram-me fundo as artérias para que meu extermínio fosse lento, solitário e tormentoso... Desde o decreto vil, extingui-me para esta vida, querida Isabelle, talvez por isso vos veja mais formosa do que nunca e em vosso ombro amigo possa prantear minha desventurada existência... Não mais receio. Atravesso os umbrais do Tártaro!... Morro! Morro!...

"Perdoai-me, meu Deus, perdoai-me, por misericórdia! Diante do inevitável, em face do infausto e repentino fim, nada mais me restou, senão desejar que o inferno abrisse os seus hediondos portais para todos nós e autorizei, com todos os pulmões: 'Se Coligny tem que pagar pelo pecado da lealdade e da dedicação ao seu rei, então morram todos! Ordeno o esfolamento de todos, como é de vossos desejos, cães imundos, cava de víboras peçonhentas!'... E marquei para a eternidade com a minha assinatura o extermínio de cada protestante em solo francês; velhos, moços ou crianças! Gritei ensandecido, irmã querida: 'A ninguém poupem!'...

"Cambaleante e sem forças, ainda consegui lobrigar com as vistas opacas os semblantes satisfeitos, inclusive de meros cortesãos arro-

corresponde à interjeição na língua portuguesa: 'Pelo amor de Deus!'

[19] Edouard-Alexandre de Valois, também conhecido como Henri III, duque de Guise, último rei da dinastia francesa Valois-Angoulême.

[20] Gaspar de Châtillon, conde de Coligny, foi militar, político e nobre francês, nascido em Paris a 16 de fevereiro de 1519, morto em 24 de agosto de 1572. (Notas autorizadas pelo autor espiritual.)

lados pela ardilosa rainha a opinarem levianamente nos assuntos de Estado...

"Ó bondosa Isabelle, meu inacabável amor e fidelidade à mamãe foram cruelmente desconsiderados..."

– Querido, repousai em meu abraço, aquietai a mente atribulada por um pouco. Eu, que já vivo outra vida, posso vos assegurar que, diante de Deus Todo Poderoso e da justiça divina, cada um responderá por seus atos, até mesmo por insignificantes intenções!

– Edouard não tardará a me exterminar para usurpar o trono, isso é mera questão de tempo... Como o preferido de mamãe, presentemente não mais duvido até da cumplicidade de nossa genitora para mais esse ato pérfido.

– Silenciai, Charles, por Deus! Não intenteis pressagiar o futuro. Não punais mamãe pelo desespero de nos assegurar o prestígio e o poder. Há muito aprendi a perdoá-la e compreendê-la melhor! Sossegai, sossegai...

– Por estas horas... – prosseguira o infeliz tartamudeando na estranha confabulação com o ser espiritual, sob os olhares espantados dos criados, julgando-o completamente enlouquecido – ... o estimado almirante e amigo, Gaspar de Coligny, já encontrou o seu fim sob a lâmina do duque de Guise... Que manhã manchada de odiosidade, que irreparável lástima, que cruciantes trevas em plena luz do alvorecer!...

Repentinamente o rapaz caíra num profundo letargo, como intentando covardemente evadir-se dos acontecimentos terríveis fora das muralhas da casa real de Paris.

Em plena comemoração do dia de São Bartolomeu, foi impetrada a artificiosa resolução, a despeito de estar sendo comemorada, igualmente, as bodas de Marguerite, uma das filhas da matriarca viúva, Catherine de Médici, com o monarca protestante Henrique de Navarra. A escolha do cônjuge de procedência espanhola guardava a primordial intenção de atender às conveniências políticas dos líderes franceses, em face do poderio inimigo.

O duque Edouard, de fato, dirigiu-se em primeiro empenho ao domicílio do almirante Gaspar de Coligny, cercado de seus acólitos. E lá os seus ríspidos desembaraços já eram levados a efeito:

– Vamos, Besme Dianovitz,[21] cumpra o seu dever! E não me desaponte como fez Maurevel,[22] que unicamente conseguiu derrubar um dos tenentes de Coligny.

Num salto espetacular de cima da montaria, de olhar injetado e com a destra já firmemente agarrada ao sabre na bainha, o alemão adentrou o sobrado nas primeiras horas do fatídico dia, retirando o almirante do leito.

Dianovitz desferiu várias punhaladas fatais no corpo entorpecido de Coligny e, mirando-o banhado em sangue, nos últimos estertores, o rude criado anunciou ao seu patrão:

– Consumado, senhor Edouard! Está definitivamente acabado. O que o covarde Maurevel fracassou!

– Excelente! Lançai agora o corpo à rua, Besme! Lançai-o depressa para que o decapitemos em público, e que seja esta a nossa primeira lição aos hereges neste dia decisivo para a França.

Rápido os despojos sem vida do incorruptível militar jaziam na via pública e, tomados de fúria insana, os soldados do duque de Guise deceparam-lhe a cabeça, partindo depressa para outros pontos da cidade. Os restos mortais de Coligny permaneceram desamparados e encharcando de sangue o solo que serviu com dedicação; juntos dele outros caíam na alucinada chacina...

Crianças, jovens, mulheres e velhos, ninguém era poupado, nem sequer tinham tempo de declararem-se aderentes à crença ortodoxa da coroa francesa. Desse modo, junto aos huguenotes, infindáveis católicos foram exterminados.

---

[21] Alemão (apelido). Palavra originária de Böhmen: Boêmia. Charles Dianovitz, truculento criado alemão do duque de Guise.

[22] Oportunista que à custa de avultada soma ofereceu-se para eliminar o Almirante Coligny, dias antes, contudo malogrou na tentativa de assassinato. (Notas autorizadas pelo autor espiritual.)

Este dia 24 de agosto incitaria em toda França um assombroso escarcéu, disseminando, até o mês de outubro, o extermínio de huguenotes ou protestantes em diversas cidades francesas, quais: Toulouse, Bourdeaux, Tours, Rouen, Lyon e Orléans, dentre outras. Jamais se conseguiria inventariar o montante exato do vultoso extermínio, entretanto, pelas estrondosas repercussões do decreto do rei Carlos IX, aventar-se-ia, no futuro, perto de noventa e cinco mil mortos em toda França.

Montes de cadáveres seriam incinerados durante semanas, saturando o ar da portentosa capital de um cheiro insuportável de carne queimada e envolvendo-a num fumo sufocante. Corpos em decomposição infestariam o rio Sena ao longo de meses, tanto que a manufatura pesqueira seria suspensa por extenso período e o cheiro de sangue e podridão impregnar-se-ia por muito tempo na atmosfera, principalmente da cidade de Paris.

O recém-consagrado papa Gregório XIII[23] rejubilou-se com a iniciativa da corte francesa, fazendo com que os sinos das catedrais de toda Roma repercutissem alegremente como num dia comemorativo de ação de graças. Gregório XIII chegaria ao fastígio de mandar cunhar uma medalha comemorativa em honra à ocasião, bem como encomendaria ao pintor da cidade italiana de Arezzo, Giorgio Vasari, um rico painel, de modo a imortalizar o deplorável massacre.

Não demoraria uma semana para os fenômenos espirituais perturbadores invadirem a residência real do Louvre. O infortunado Charles-Maximilien, depois da imprevidente, resolução nunca mais foi o mesmo, passando a sofrer alucinações, visões horrendas e transes extraordinários... Vagava pelos corredores do palácio pelas madrugadas, de arma em punho, clamando em gritos bombásticos por seus guardas e acossando inimigos invisíveis, os quais alegava o espreitarem...

No entanto, além do perturbado monarca, que passou a padecer enorme coerção dos espíritos trucidados no miserando episódio,

[23] Gregório XIII nasceu em Bolonha no dia 07 de janeiro de 1502 e morreu em Roma no dia dez de abril 1585. Batizado Ugo Buoncampagno foi elevado ao papado em treze de maio de 1572. Destacou-se por inserir o Calendário Gregoriano, em outubro de 1582, reformando o Calendário Juliano. Foi Mestre na Universidade de Bolonha lecionando Direito e Jurisprudência. Elevou-se ao Cardinalato em Roma por indicação de Pio IV e foi dos participantes do Concilio de Trento. (Nota autorizada pelo autor espiritual.)

muitos membros da nobre grei Valois auscultariam, em intermináveis e angustiantes madrugadas, gemidos agudos, gritos desesperados e dolorosos lamentos de multidões invisíveis... Aristocratas e cortesãos, ministros e secretários, criados e embaixadores, em visita ao *palais du Louvre,* experimentariam as mesmas estranhas e sobrenaturais intervenções.

Charles IX de França, definitivamente atormentado nas faculdades mentais, suspeitava de tudo e a todos considerava inimigos, por certo também pressentindo a cupidez e as intenções torpes de seu irmão Edouard-Alexandre, o duque de Guise, em relação ao seu comando.

Os quase dois anos seguintes transcorreram para o filho mais velho de Catherine de Médici completamente jugulados por opressões espirituais e graves conflitos íntimos. Aproveitando-se da situação, o ardiloso Edouard imiscuía-se, cada vez mais, nas decisões de estado, promulgando publicamente as incapacidades mentais do irmão.

O desditoso filho de Henri II veio a expirar na flor dos vinte e três anos de idade, no paço de Vincennes, por consequências da ingestão excessiva de tisanas à base de *absinthe*, cujas sementes, chamadas barbotinas,[24] funcionam como verdadeiros *poisons*: drogas entorpecentes e alucinógenas... Ademais, sem desconsiderar os danosos efeitos das obsessões espirituais, oriundas das mentes vingativas e tomadas de desequilíbrios imensos.

Ante as leis eternas, todos os inscritos nas experiências reencarnatórias, cedo ou tarde, serão examinados no somatório das próprias ações, sendo as aquisições e posições no mundo oportunidades divinas, das quais devem os homens prestar contas a Deus.

---

[24] Sementes do Absinto (arthemisia absinthium) – pequena erva aromática europeia com qual se preparam bebidas alcoólicas de efeito alucinógeno. (Nota autorizada pelo autor espiritual.)

4. Artifício Político e Código Divino

Em verdade, em verdade vos digo: o que não entra pela porta no aprisco das ovelhas, mas sobe por outra parte, esse é ladrão e salteador. Aquele, porém, que entra pela porta, esse é o pastor das ovelhas.

(Jesus, João 10,1-2)

Como se elevará a vós o homem gerado e criado em primitivismo, se vós não o levantardes, Senhor, com a mesma mão com a qual o fizestes?

(João da Cruz)

Retrocedemos aproximados trinta anos da triste Noite de São Bartolomeu, ao período em que foi levado a efeito o décimo-nono concílio ecumênico convocado pelo sumo pontífice Alessandro Farnese,[25] o de Trento, realizado entre os anos 1545 e 1563. O concilio teve o objetivo de assegurar a unicidade de fé e firmar normas eclesiásticas. Na realidade, foi uma forte reação da igreja à ruptura vivida na Europa do século XVI, quando da reforma protestante. O conhecido concilio da contra-reforma foi o mais longo da história da igreja e sancionou inúmeras leis disciplinares. Originou-se do concílio o

[25] Papa Paulo III.

código de livros proibidos: o *Index Librorum Prohibitorum*, bem como foi reorganizada em novas bases a perniciosa 'santa inquisição'.

Avançando adiante no tempo, decorridos quinze anos do início do conciliábulo de Trento, a França sofria formidáveis golpes no campo político com as guerras de *Saint-Quentin*, no ano 1557, e na de *Gravelines*, no ano seguinte, elevando-se a Espanha, nação hostilizada pela França, à condição de respeitada supremacia na Europa do século XVI...

Com a agravante do domínio dos Habsburgos, que se desmembrou, incorporando-se Flandres ao patrimônio territorial de Espanha, que, junto a outras vitoriosas empreitadas bélicas dos hispânicos, originou um severo decaimento da pátria francesa.

A tensão dos últimos trinta anos, com as contínuas guerras religiosas e políticas, geraria um severo enfraquecimento político da França, fazendo com que seus líderes, no ano de 1559, constrangessem-se a uma concordata com o poderoso reino hispânico – no tratado de Cateau-Cambrésis.

Penetramos, pois, nos alvores do mês de abril deste ano de 1559. Eis que volta à cena o encantador espectro que adentraria Paris – em espírito – treze anos à frente daqueles dias, poucas horas antes da fatídica mortandade coletiva, do ano 1572, no dia comemorativo do santo Bartolomeu.

As crianças de Henri e Catherine passavam a agradável estação do ano no Château-Neuf, na vila de Saint Germain-en-Laye, próximo a Paris, reunidas em folguedos sob as latadas de um magnífico jardim que se debruçava sobre o Sena. Era quase primavera e nada melhor do que fruir o olor agradável do revivescer dos arbustos, das árvores e dos caramanchões ressequidos, prenunciando uma breve e abundante florescência.

Catherine jamais deixava sua preciosa prole sozinha em Paris, quando de suas ausências em viagens, de maneira especial continuamente as exonerava dos cuidados da favorita de seu esposo, Diana de Poitiers.

Por imposição do esposo e rei, Henri II, a concubina havia sido nomeada governanta de seus filhos, função que, legitimamente, jamais chegou a exercer. Tal outorga foi para a altiva Catherine de Médici a maior das afrontas, como se não bastasse o manifesto caso de amor do esposo com a intrusa, vinte anos mais velha, ele a havia acolhido debaixo de seu mesmo teto, no sagrado contubérnio residencial de sua família... Depois, o inaceitável ultraje de tentarem lhe roubar a extremosa dedicação materna.

As criadas desdobravam-se por atender às mais singulares necessidades das crianças: François, com cerca de dezesseis anos, era o primeira na linha de sucessão do trono, contudo sempre doentio e abatido; Isabelle, aos treze anos, era uma formosura, olhos negros atilados e bastante vivazes destacavam-se na tez lívida; a pequena Claude, contando onze anos, confrontava idade com Charles-Maximilien, computando, então, quase dez anos, enquanto, Edouard-Alexandre e Marguerite, respectivamente, oito e sete anos, eram bem amigos e preferiam brincar juntos. O pequenino Hercule-François, que acabara de completar quatro aninhos, ainda não deixava o zeloso regaço das amas. Isabelle, Charles e Claude possuíam semelhantes tendências, bem como afinidades, entre si, enquanto François, o primogênito, de contínuo recolhia-se ao leito.

Jamais se conheceu mãe tão diligente e protetora quão a filha de Lorenzo di Médici. Certamente o seu temperamento italiano muito influenciava na educação da prole adorada. Pouco depois de dar à luz o pequeno Hercule-François, engravidou novamente, no entanto as gêmeas Victoria e Joan de Valois não viveram para a tristeza da família.

Naquela ocasião agradável, encontraremos Charles, Isabelle e Claude, os mais velhos, entabulando uma inquietante conversação sob os olhares preocupados das aias.

– Mamãe e papai a esta altura já decidiram o meu destino! Depois da inesperada morte de meu futuro prometido inglês, Eduard Tudor, as intenções de nossos reis, com relação ao meu futuro, voltaram-se para a nossa inimiga: a prestigiosa Espanha... – lamuriou a pequenina Isabelle aos ouvidos dos irmãos.

– Certamente! Partiram para o nosso castelo de Cateau-Cambrésis deliberados a firmar uma definitiva aliança de paz com as respeitáveis Espanha e Inglaterra – afirmou Charles com ares de madureza.

– Sei que as conversações com os monarcas ingleses não serão tão difíceis quanto o entendimento com a Espanha – completou o menino com o dedinho indicador no queixo.

– Por certo, querido Charles! Tanto que, em última hora, como um grande estratagema, cancelaram minhas núpcias com o encantador dom Carlos de Espanha, de maneira a entregarem-me em casamento ao seu próprio pai. Que lastima! – suspirou a jovenzinha num indisfarçável desconsolo.

– Confie, querida Isabelle. Assim teremos sossego com os tão ameaçadores adversários e papai obterá de volta nossas possessões de San-Quentin, Ham e Châtelet, bem como os bispados de Metz, Toulon e Verdun, tomados nas passadas guerras – arrazoou Charles com perspicácia, como as demais crianças, instruído em todos os assuntos de estado, tão logo aprendeu a balbuciar as primeiras palavras.

– Contudo, os nossos monarcas terão que devolver as terras da deleitável Flandres e do aprazível Franco-Condado aos ferrenhos espanhóis – resmungou algo contrafeita uma das aias e ama-de-leite de Hercule-François, madame Jeanne Dubois, introduzindo-se, algo acrimoniosa, na conversação.

– Sem dúvida, madame Dubois, sei de todos os fatos! Tive que me inteirar dos meandros desse acordo, pois sou parte integrante dele.

"Teremos que desistir para sempre de quaisquer intenções junto à Itália. No entanto, coligaremos forças por uma igreja fortemente unida em Jesus Cristo" – murmurou Isabelle, fixando, estática, o bailado dos rebentos pendidos das ramas verdes, nas latadas da varanda.

– Se tudo correr a contento, este será o mais importante tratado de paz deste século, ouvi os ministros afirmarem com grande alarde no Louvre, antes da partida de nossa comitiva – pela primeira vez pronunciou-se a pequena Claude, que mal havia completado onze anos, bem mais introvertida do que Charles.

– Creio, Isabelle, que valerá o vosso sacrifício! Ademais, é evidente que também os nossos futuros estão sendo ajustados! Fiquemos todos preparados! – assegurou ainda Claude, perpassando a mãozinha com carinho na cabeleira negra da irmã, que deixava pender duas lágrimas cristalinas.

– Ó meu Deus, concedei-me coragem para suportar um esposo vinte anos mais velho do que eu... Todos os meus sonhos de felicidade ruem por terra...

Madame Dubois, abraçando-se à criança com extrema ternura, reconhecia que, certamente, estavam nos desígnios dos céus a razão para que individualidades, em tenra idade, fossem submetidas aos tão drásticos eventos emocionais.

Finalmente, poucos dias depois, todas as expectativas francesas se confirmariam e a jovem Isabelle começaria a ser preparada para o matrimônio com o influente Felipe II de Espanha.

O consórcio do jovem Charles-Maximilien, de igual modo, foi combinado. Alvitrou-se uma conjugação do trono francês ao português, contudo, o austero Felipe de Espanha foi um rígido oponente a essa aliança, destacando uma herdeira, sua aparentada, do poder austríaco.

Deste modo, a juvenil Elisabeth de Habsburgo, filha de Maximiliano II e de Maria de Habsburgo, aos seis anos foi oferecida ao menino de apenas dez, união esta que se realizaria dez anos depois. No entanto, a estrela de Charles não seria a mesma de Isabelle. Diferente da irmã, o seu coração elegeria a bela jovem Marie Touchet futura *dame de Belleville*, sofrendo e fazendo sofrer, de modo a acomodar a intrincada situação.

Quanto ao doentio François, o delfim de Viennois, casara-se há cerca de um ano, aliança esta tratada entre a corte francesa e os monarcas de Escócia desde o nascimento da herdeira escocesa, a princesa Mary Stuart, contando, então, dezessete anos.

Aos vinte e dois dias do mês de junho daquele ano 1559, a catedral de Notre-Dame de Paris abarrotava-se para a requintada cerimônia da bela herdeira de Henri II, entregue em matrimônio ao monarca de Espanha.

Entretanto, impossibilitado de comparecer e descrente de quaisquer possíveis laços afetivos com a pequena francesa, Felipe enviou um representante: o chanceler dom Fernando Álvarez de Toledo y Pimentel. Além de ministro e procurador, o rigoroso duque d'Alba blasonava a posição de um dos mais influentes homens da corte espanhola.

Sob os olhares expectantes de uma multidão de burgueses, cortesãos, ministros e secretários das cortes francesa e espanhola, a consagração era levada a efeito.

Contrariando as próprias juvenis expectativas e suspirando melancolicamente às escondidas, a infanta Isabelle de Valois repensava que sinceramente havia alimentado um dia a ilusão de um amor verdadeiro para com Eduard VI da Inglaterra e, até mesmo, para com o adolescente Carlos, filho de seu noivo, contudo, jamais se iludira com relação ao maduro rei de Espanha, o poderoso Felipe, chegando mesmo detestar-lhe intimamente, sem conhecê-lo.

O belo indumento nupcial de *tafettas* e musselina de seda, ornado de magníficas rendas francesas e finos brocados, realçava-lhe a beleza virginal. A negríssima cabeleira ricamente penteada engastada de pérolas concedia-lhe ares de um querubim descido do empíreo celeste.

Admirada com assombro pelos olhos do astuto procurador, dom Fernando Álvarez, ruborizou-se, temendo-o e evitando-lhe o olhar austero. Tomando a mão gélida e trêmula da menina, o duque d'Alba assumiu o acordo matrimonial sob os olhos de todos os presentes, sussurrando amigavelmente aos ouvidos de Isabelle:

– Não vos assusteis, *mademoiselle*. Vossa vida em Espanha será muito mais venturosa do que podeis supor. Ao deixar Toledo, onde provisoriamente o vosso futuro esposo reside, escutava a ovação do povo a aclamá-la: 'Elizabetta de la paz'. Comunicaram-me que, na bela Madri, onde as obras de vossa nova residência completam-se, já sois glorificada, com grande veneração, pelo mesmo nome – confidenciou o duque, buscando animar a encantadora criança pela qual nutrira, de imediato, inexplicável afeição.

– Apraz-me, respeitável dom Álvarez, ouvir tão carinhosa menção! Sabei que meus pais preparam-me muito bem para este dia, desde que comecei a entender-me por ser vivente na terra. Estarei fortalecida igualmente para os dissabores de um arranjado consórcio com um viúvo, que, certamente, não veio receber-me por estar consumido na triste e recente privação da esposa – suspirou com enfado a graciosa Isabelle.

– Pois bem, assim sendo tudo se torna mais simples e menos constrangedor! Jamais duvidei que sois uma instruída princesa, conhecedora de todos estes meandros políticos! Seguramente é de vosso conhecimento que terei que vos conduzir ao vosso tálamo conjugal e repousar-vos nele em presença de vossos pais, alguns ministros franceses e de minha comitiva. Com inclusão, debruçar-me-ei sobre o vosso leito imaculado para confirmar a posse de meu soberano sobre a vossa pessoa... – afirmou o duque sem hesitação e com a costumeira impassibilidade política.

– Estai sossegado, *monsieur*! Fui rigorosamente instruída para esta ocasião e as mil maneiras que ela poderia se desenvolver! Já possuo muitas informações sobre tais procedimentos – replicou a mocinha sem fitar o mandatário de Felipe.

Dom Fernando silenciou, apenas esparzindo um fundo e ruidoso suspiro de satisfação com a acomodação dos acontecimentos, que sedimentavam o ajuste que ficaria para sempre conhecido como: tratado de Cateau-Cambrésis.

Depois de celebrados os esponsais, Isabelle foi acompanhada por dom Fernando ao seu quarto, seguidos de um cortejo de autoridades francesas e espanholas. Trocada reservadamente pelas aias, foi levada ao leito pelo duque, que lhe beijou a tez alva e, em seguida, as mãozinhas com extrema reverência, visto que doravante a menina tornava-se sua soberana e de todos os espanhóis.

Os festejos cerimoniais correram por vários dias com banquetes, músicas, jogos e danças... A comitiva espanhola preparava-se para partir quando algo inusitado sacudiria a orgulhosa estirpe dos Valois.

Numa das tardes comemorativas, Henri II exultava, reunindo os seus convivas para uma tarde de jogos. Além do casamento de sua filha Isabelle, o rei francês festejava a união de sua irmã Marguerite a Manuel Filiberto, duque de Savoia, regalando-se, mais do que devia, com bom vinho.

Henri apreciava imensamente os esportes a cavalo, assim sendo desafiou alguns amigos para um torneio esportivo. Venceu com galhardia a disputa de lanças com o duque de Nemours, depois sobrepujou o duque de Guise, comemorando com altissonantes gargalhadas.

Com fanfarronada, convocou um de seus capitães para um combate. A tarde estava sinistra. Apesar da aglomeração festiva, havia um estranho presságio no ar... Catherine sorvera uma noite tormentosa, cheia de pesadelos, o que lhe fizera recordar uma das profecias de um seu amigo, o místico de Saint-Rémy-de-Provence, Michel de Nostredame, que Henri teria uma morte dolorosa e súbita.

Repentinamente, num arrojo imprevidente, o monarca foi atingido na face pela lança do seu oponente, Gabriel Montgomery, conde de Lorge e um dos capitães de sua guarda escocesa. A lança perpassou-lhe a viseira da armadura, penetrando uma das vistas. O rei sofreu uma queda quase fatal de sua montaria.

Catherine aos gritos convocou os clínicos da corte, mas tudo em vão. Nem mesmo o exímio cirurgião Ambroise Paré[26] e o médico Andréas Vesalius[27] conseguiram socorrer o rei ferido, evitando a extinção do esposo da orgulhosa duquesa de Urbino.

O rei veio a expirar dez dias depois, aos brevíssimos quarenta e um anos de vida, a dez de Julho de 1559, carregando em sua imorredoura consciência muitas responsabilidades ante as leis eternas. Incentivado pela concubina, Diana de Poitiers, criou a "câmara ardente", com o fito de levar à fogueira os condenados pela prática, simples crença ou banal relacionamento com os aderentes do protestantismo.

Se, por um lado, a amargura pela perda do companheiro abalou profundamente Catherine, visto que sempre o amou, por outro, concedeu-lhe a valiosa conveniência de expulsar definitivamente a

---

[26] O clínico Ambroise Paré viveu entres os anos 1510 e 1590. Iniciou sua carreira como aprendiz de cirurgião-barbeiro na cidade de Laval, no interior da França. Capacitou-se de tal maneira na prática da cirurgia que foi indicado como cirurgião militar do exército francês, participando das campanhas da Itália, de 1536 a 1545. Especializou-se em feridos por arma de fogo, atividade que iniciou aos vinte e cinco anos de idade. No ano 1564, publicou *Dix Livres de la Chirurgie*; em 1575, contando sessenta e cinco anos de idade, reuniu todos os seus trabalhos numa única obra. Ambroise Paré era huguenote, mas foi protegido pelo próprio rei Carlos IX, na fatídica Noite de São Bartolomeu, ocultando-o no palácio. (Nota autorizada pelo autor espiritual.)

[27] Andreas Vesalius nasceu em Bruxelas a 31 de dezembro de 1514, morreu em Zákinthos no ano 1564. O médico belga foi considerado, ao lado de Ambroise Paré, Pai da Anatomia Moderna. Foi autor da preciosa obra médica: *De Humani Corporis Fabrica*, em 1543. (Nota autorizada pelo autor espiritual.)

importuna rival, Diana de Poitiers, da privacidade de sua residência, bem como de assumir o domínio do trono francês ao lado do débil primogênito, François.

Diante do tão drástico e inesperado acontecimento, visto ser Henri bastante experimentado em jogos sobre montarias, a partida da jovem Isabelle foi adiada. Dessa forma, a comitiva hispânica do duque d'Alba partiu sem a jovem, para que a menina celebrasse com tranquilidade, junto aos familiares e amigos, o cerimonial fúnebre do pai, resguardando também alguns meses de luto.

A paisagem no campo político francês alterar-se-ia dramaticamente, perante o malfadado evento. Catherine mandou convocar, antes da partida de sua filha mais velha para as terras estrangeiras, o célebre místico, astrólogo e alquimista de Saint-Rémy-de-Provence, Michel de Nostredame. Catherine o havia conhecido três anos antes, quando seu esposo o mandou buscar para conhecer sua prole e albergar seus conhecidos augúrios do futuro, com relação aos rumos políticos-religiosos da França.

Naquele infausto momento, em que o porvir da poderosa nação tornava-se um enigma, a presença do áugure e vidente era novamente imprescindível. A dama francesa nos últimos anos havia trocado constantes cartas com o místico, considerando-o mesmo um leal amigo.

Muitas vezes o homem em sua incúria adentra desassombradamente os terrenos de sagrados desembargos, enredando de forma dolorosa corações inocentes. A argúcia política e a cupidez pelo poder temporal têm feito, aos olhos perplexos da humanidade, incontáveis vítimas infelizes. Nada obstante, faz-se imperativo afirmar que, sob a ressalva divina, nada é injusto nas vias de experimentos terrenos, tampouco acidental. Desta feita, sem que as autoridades envolvidas no interesseiro acordo travado em Cateau-Cambrésis soubessem, atuavam sob a condução espiritual superior.

5. Previsões de Michel de Nostredame

> Senhor, para onde me ausentarei do vosso olhar? Para onde me evadir de vossa face? Se subir aos céus, lá estareis; se fizer a minha cama no mais profundo abismo, lá estareis também; se tomar as asas da alvorada, se me detiver nos confins do mares, ainda lá me havereis de guiar e sustentar com a vossa destra.
>
> (Salmo 139, 7 a 10)

> Uma prova de que Deus esteja conosco não é o fato de que não venhamos a cair, mas que nos levantemos depois de cada queda.
>
> (Teresa d'Ávila)

Vencido aproximado um mês de uma dolorosa viagem de carruagem, o doentio alquimista e astrólogo; adivinho e vidente, amigo da soberana francesa Catherine de Médici, aportou à casa nobre de Paris. Seu conhecido nome era: Michel de Nostredame.[28]

[28] Michel de Nostredame ou Nostradamus nasceu em 14 de dezembro de 1530, em Saint-Rémy-de-Provence. Foi um respeitável sanitarista na renascença cultural da humanidade. Estudou astrologia e alquimia com abalizados médicos no século

Imagem à esquerda: Elizabetta na época de seu casamento com Felipe II, em pintura de Juan Pantoja de la Cruz, Museu do Prado

Quando de sua primeira visita ao destacado casal francês, *monsieur* Michel previu o breve decesso do próprio rei Henri II, bem como infaustos acontecimentos para as vidas dos monarcas que o sucederiam: François II e Charles-Maximilien IX. Com a morte do esposo, confirmando-se a antevisão do adivinho de Saint-Rémy-de-Provence, Catherine não sopitou o desejo de revê-lo.

Em seguida o velho místico, então contando aproximados sessenta anos, sofrendo do 'Mal de Gota'[29] e de insuficiência cardíaca, adentrava as muralhas do palácio do Louvre. Tão logo a ansiosa Catherine o reencontrou em sua sala de recepções, saudou-o com indisfarçável entusiasmo:

– Respeitável mestre, sede bem vindo a Paris e a nossa residência! Como atravessastes a longa jornada?

– Sem maiores atropelos, senhora! – replicou o lente com simplicidade, ocultando as agruras da saúde débil.

– Ó *monsieur* Michel, certamente ao ler a minha missiva tomastes conhecimento do dramático passamento de Henri?! Exatamente como prenunciastes há três anos passados...

"Agora necessito desesperadamente das sábias recomendações de vossa visão sobrenatural do futuro.

"François substituiu o pai, conforme sabeis, entretanto, parece-me pior a cada dia. O corpo enfermiço sugere não aguentar mais outro ano de existência. O que será de nossa pátria?"

Pranteando os incontroláveis infortúnios familiares, sem que percebesse, Catherine depressa segurava as mãos franzinas do vidente, apertando-as entre as suas com extrema aflição.

XVI. Foi exímio médium e, dentre as suas aptidões psíquicas, destacava-se a presciência, por isso mesmo, carpindo o anátema de epilético, por conta dos terríveis preconceitos da época. No findar da existência, sofreu do mal de gota e de agravos cardíacos. Morreu no dia 2 de julho de 1566, em Salon-de-Provence, vitimado por um edema cárdio-pulmonar. Escreveu um famoso livro ao qual chamou, *Centúrias*, composto de versos codificados com previsões do futuro.

[29] Forma hereditária de artrite, caracterizada por hiperuricemia e recidivas paroxísticas agudas, e ocorre, em geral, numa única articulação periférica. É consequência da elevação do ácido úrico no sangue e surtos de artrite aguda, por depósito de cristais de monourato de sódio. Ocasiona dores agudas e dificílima locomoção. (Nota autorizada pelo autor espiritual.)

– Senhora, os desígnios de Deus muitas vezes nos são incompreensíveis! Tende calma e busquemos a inspiração indispensável para que possamos merecer o prognóstico do futuro.

– Certamente! Parece-me que, depois das grandes alegrias e vitórias, sempre hão de vir desgraças para esta família! Por esta razão não posso dissipar o tempo e todas as ocasiões favoráveis, de maneira a atuar em favor de nossos interesses pátrios!

"Vede que magnífico acordo fizemos com a possante Espanha, no recente tratado de Cateau-Cambrésis, que, dentre outros ajustes, elevou minha querida Isabelle ao trono hispânico... Contudo, com a malfadada morte de meu pobre Henri, o deleite de vê-la na posse plena de seus direitos na pátria estrangeira ainda terá que aguardar...

"Avoquei-vos para granjear vossa criteriosa observação acerca da saúde de François, bem como outra entrevista com os herdeiros da corte francesa, mormente, Edouard e Charles. Ademais, é notória a vossa habilidade como sanitarista e a extraordinária atuação no combate à peste, nos quatro anos que permanecestes em Bourdeaux."

– Farei tudo que estiver ao meu alcance, respeitável senhora! A França é minha amada pátria, dessa forma empenho toda minha lealdade e conhecimentos aos seus governantes, atuais e futuros, enquanto me restar o último alento de vida, que, infelizmente, já se esvai!

– Excelente! Deveis vos recuperar da longa viajem, banhar-se e fazer uma substanciosa refeição, mais tarde levar-vos-ei à presença das crianças! Certifico-me de que a madureza e os constantes exercícios mentais vos tornaram um adivinho mais iluminado do que jamais. Notificastes-me nas recentes missivas o término de vossas *Centúrias*,[30] iniciadas há mais de cinco anos. Que maravilha!

– Seguramente, cara senhora! As extraordinárias visões continuamente me acompanharam através da existência cheia de lutas. Os quadros aparecem-me tão intensos, cheios de vivacidade e realidade,

[30] *Centúrias* – Tomo de Profecias de Michel de Nostredame composto de novecentos e quarenta e duas quadras, em versos métricos decassílabos agrupadas de cem em cem. A exposição pública das predições ocorreu gradualmente em diferentes momentos. Parte do material foi lançado no ano de 1555, outra parte dois anos depois. Das três derradeiras centúrias de Nostredame, ou Nostradamus, a humanidade unicamente conheceu depois da morte do astrônomo, médico e extraordinário místico de Saint Rémy-de-Provence. (Nota autorizada pelo autor espiritual.)

malgrado a própria obstinação, muitas vezes, não desejando vê-los, sobretudo os fatos deprimentes e dolorosos.

Num fundo suspiro e num gesto de conforto, a nobre dama procurou compensar:

– Entretanto, mestre, vós mesmo afirmastes há pouco que a sabedoria divina e as determinações supremas extrapolam qualquer compreensão humana, capturadas pelas almas privilegiadas como a vossa! Se vos conforta, devo dizer: há fraternal coragem em vosso coração ao revelá-las; bem como reconheço muita fibra n'alma daqueles que as granjeiam, sem reservas ou temores, sabendo suportar notícias antecipadas de mortes e ruínas morais a preparar-lhes os espíritos.

Não demoraria muito e o velho astrônomo já estaria instalado num largo e confortável cômodo, angariando dos céus ânimo e inspiração para as entrevistas que o aguardavam.

Na distante Espanha, o temido duque d'Alba oferecia ao amigo e governante, Felipe, detalhes pormenorizados da celebração de suas próprias bodas em Paris, bem como do infausto acidente que ceifou a existência do genitor da juvenil nubente.

Felipe, capturando com interesse os informes dos lábios do pomposo ministro, arrazoou:

– Devo confessar, dom Fernando, que de certa forma tranquiliza-me a demora na vinda da pequena francesa! Suportar pelo resto da vida um dos amimados da presunçosa descendência de Henri e Catherine é demais para minha idade e saúde! Enfim, qualquer sacrifício é necessário pelo bem e prosperidade de nossa nação! – manifestou o monarca, num sorvo azedo, amodorrando-se num dos ricos canapés de veludo em seu amplo gabinete, no paço de Toledo.

“Dividir a minha preciosa quinta com damas encomendadas, as quais jamais amei, deve ser a minha sina! Sim, porque compartilhar autoridade é inconcebível e jamais o concederei a nenhuma delas!

“Aos doze anos, vi-me ceifado da abençoada companhia de minha saudosa genitora, dona Isabel de Portugal, legítimo e puro amor de toda minha vida... Contrariamente, Deus o sabe, como tive que suportar meu exigente genitor, o quanto me superei em sacrifícios para corresponder-lhe às expectativas políticas! Em meu coração jamais brotou maiores afinidades pelo aguerrido imperador Carlos, porém constantemente o respeitei...

"Conheceis-me, dom Fernando, há muitos anos, desde os meus oito anos de idade, quando vivia na condição de regente de Castilla, completamente isolado, apenas acompanhado de meus preceptores o cardeal Juan Martinez Siliceo[31] e dom Jerônimo Zurita y Castro,[32] bem como de meu devotado tutor, dom Juan Zuñiga y Nebrija...

"Aos dezesseis anos fui constrangido a tomar em casamento a prima Maria Manuela, de modo a assegurar a descendência portuguesa de minha querida mãe, e aos dezessete já me encontrava viúvo, com um herdeiro doentio e embaraçado do juízo...

"Atendendo aos interesses políticos de meu genitor, aos vinte e sete anos foi-me entregue em matrimônio a pobre Mary Tudor de Álbion, tão desafortunada quanto eu... Nunca a considerei de fato uma esposa, talvez por isso não geramos qualquer descendência... No entanto, a partida para as terras inglesas e os anos lá despendidos concederam-me valiosas conquistas e maturidade. Certamente, dom Fernando Álvarez, recordais-vos dos tempos em que, como monarca de Nápoles e Milão, mudei-me para Londres e de lá parti para Flandres, atendendo aos assuntos de estado, fascinando-me com o local...

"Rapidamente reivindiquei de meu pai a soberania dos Países Baixos. A espontânea amizade com os holandeses e alemães foi uma grande aquisição... Fazendo uma breve recapitulação, revejo no painel da memória os dias da mocidade, que já se vão distantes, quando, aos vinte e nove anos, meu pai outorgou-me, pela abdicação, o trono de Castilla e Aragón, tornando-me o dominador do império mais poderoso da terra... Que fardo oneroso, quanta responsabilidade senti em

[31] Erudito clérigo, filósofo e historiador, nasceu em Villagarcia de la Torre, no ano 1486. Foi bispo de Cartagena e arcebispo de Toledo. Morreu a 31 de maio de 1557.

[32] Jerônimo Zurita e Castro, historiador, erudito e cronista oficial do reino de Aragón. Em 1566, Felipe II o nomeou secretário para o concilio da Inquisição e representante do rei. Nasceu em Zaragoza, no ano 1512, e morreu na mesma cidade a 3 de novembro de 1580. Dentre as suas obras encontra-se *Anais da Coroa de Aragón*. (Notas autorizadas pelo autor espiritual.)

tão juvenil período de minha vida... No entanto, caro dom Fernando, com tantos lauréis, ocultamente seguia de coração vazio e infeliz...

Dom Fernando Álvarez de Toledo a tudo ouvia silenciosamente, testemunhando as agruras sentimentais de um dos monarcas mais prestigiosos de seu tempo, no entanto, solitário e amargo.

– Dos pouquíssimos anos de bodas com Mary, frios e distantes, sequer ressenti-me de seu decesso! Perdoai-me, Deus, por dizê-lo!...

"Ocupava-me com as vitoriosas investidas nos Países Baixos, quando o rival estado francês buscou-me em concordata de paz, colocando um definitivo fim pela posse das terras itálicas...

"Mais uma vez, prezado amigo, cá estou eu, consorciado a uma estranha criança francesa, que mal saiu do berço! Os trinta e dois anos de existência já me valem uma eternidade... Logo eu, que abomino os franceses!"

– Senhor, permiti-me uma ressalva?!

O torturado monarca apenas acenou com a fronte, autorizando o duque a falar.

– A criança exala o perfume das flores silvestres e possui a beleza dos anjos celestes, em forma de gente! Jamais vi formosura igual!

E, arranjando bem as palavras, prosseguiu com lisura:

– Esta vossa aliança pressagia-me algo completamente diferente de tudo o que já experimentastes! Esperai para conhecê-la e vereis do que estou falando.

O governante espanhol quedou-se pensativo e estranhamente curioso, de forma completamente inesperada... Repesava ocultamente: "Será que dom Fernando Álvarez, em cujo austero tirocínio político e palavras abalizadas sempre confiei, adivinha algo realmente valioso para minha infortunada vida amorosa?"

Enquanto isso, no paço do Louvre, o mestre Michel de Nostredame reunia-se com as adoradas crianças de Catherine de Médici:

– *Monsieur* de Nostredame, apresento-vos outra vez os valorosos jovens Valois: François, Alexandre-Edouard, Isabelle, Claude, Charles-

-Maximilien, e os pequenos Marguerite e Hercule-François. Vede como cresceram desde a vossa visita há quatro anos, quando a vida de Hercule-François ainda era um aceno! – anunciou a genitora com orgulho.

– Sem dúvida, senhora, caminham celeremente para a mocidade! Adoráveis crianças, em cujos corações infantis já repousam tamanhas responsabilidades!

Com um falar extático e circunspecto, o vidente, recolhido num suntuoso e confortável salão da casa palaciana, junto à prole de Catherine e Henri, já sugeria estar submerso em curioso transe. Tomando respeitosamente as mãozinhas alvas e delicadas da herdeira mais jovem da soberana francesa, Marguerite, com apenas sete aninhos de vida, principiou em seus conselhos, sugerindo que entrevistaria dos mais jovens para os mais velhos. Permaneceu um logo tempo em enigmático silêncio acariciando as mãos da criança. Depois, com os olhos marejados de pranto anunciou, sem dramatização:

– Respeitável senhora, sei que desejais unicamente a verdade acerca do futuro de vossos preciosos filhos. Pois bem, concede-nos Deus agora a presciência de alguns fatos...

"Muita prudência e temperança nos anseios políticos para a pequena Marguerite! Se perderdes, madame, o fio da asisada moderação, prevejo muito sangue, lágrima e inenarrável dor, não só para a criança, assim como para toda França."

Embora o grande baque no coração da rigorosa Catherine, ela não permitiu demonstrá-lo, mormente em face dos pequenos.

Posteriormente, o velho mestre achegou-se a Charles-Maximilien, na escala genealógica mais velho do que Edouard, contudo, parecia fazê-lo propositadamente assomado de fisionomia contrita, continuando suas previsões sob a cuidadosa atenção da genitora.

– Vejo que provável evento político, oriundo de um dramático lapso administrativo, nos anos vindouros, arrolará igualmente ao jovem Charles-Maximilien. Portanto, estimada soberana, excessiva prudência! Este é o meu modesto alvitre. Nem todos os decretos políticos, ainda que atendendo a estabilidade dos basilares princípios de uma nação, justificam a miséria moral e o genocídio...

"As mãos que se mancham de sangue inocente permanecerão marcadas pelos tempos sem fim!..."

A dama francesa sentiu a cabeça girar num terrível estupor e, chocada emocionalmente, permaneceu ocultando suas angústias diante de tão dolorosas visões. Michel de Nostredame, em seguida, aproximou-se serenamente de Alexandre-Edouard e de Hercule-François, respectivamente sete e quatro anos de idade, ainda envolto numa mística, quão soberana, aura.

– A mesma advertência deixo aos pequenos duque de Guise e duque d'Alençon, futuros monarcas desta prestigiosa pátria, em gratidão a vossa confiança e em penhor ao meu sagrado berço de nascimento, a França. Louvo ao Todo-Poderoso, que me permite ao término das lutas e na velhice enfermiça vislumbrar o futuro traduzindo-o em preciosas recomendações.

"O que Deus nos oferecer na vida, sejam bens temporais, intelectuais, posses e carismas desconhecidos, teremos que, ao findar do caminho, restituir a Ele, num julgamento das próprias consciências! Jamais tive qualquer dúvida desta realidade que também se desvendou às minhas estranhas percepções dos fatos e das verdades dos céus."

O mestre, dirigindo-se à delicada Claude, afagou-lhe com meiguice os caracóis negros, com extrema ternura, como se a conhecesse de longo tempo.

– Eis aqui a futura duquesa de Lorraine![33] Assumirá as suas funções com garbo e a sua missão será pródiga e feliz, malgrado bastante curta... – *Monsieur* Nostredame com voz embargada não ocultou a funda amargura ao declará-lo, fazendo, outra vez, a alma da infeliz genitora estremecer-se. Ato contínuo, dirigiu-se a Isabelle, dobrando-se em reverência à pequena rainha de Espanha.

– Saúdo-vos, reinante dos espanhóis, e suplico aos anjos celestiais ânimo e alegrias puras em vossa nova pátria!

Monsieur Michel ainda curvava-se em acatamento quando uma revoada de pombos brancos invadiu o salão através das amplas vidra-

---

[33] Lorraine ou Lorena é oriunda do reino carolíngio de Lotario I, a Lotaríngia. Atualmente identifica-se este território francês fazendo fronteira com três países: Bélgica ou Valônia, Luxemburgo e Alemanha (Länder de Sarre e Renânia-Palatinado). Ao mesmo tempo, é vizinho de outras três regiões francesas: Alsácia, Champanhe-Ardenne e Franche-Comté. (Nota autorizada pelo autor espiritual.)

ças abertas. Depois de um bailado majestoso e sobrenatural, com a mesma agilidade que adentraram, partiram, fazendo com que todo os presentes tremessem estranhamente.

O mestre de Saint-Rémy-de-Provence submergiu num transe ainda mais profundo, sob os olhos estatelados dos presentes.

– Madame Isabelle de Valois, partireis em breve tempo para a grande peripécia desta vossa existência. Não podeis conceber o quanto a vossa história de vida se transformará! Está no segredo de Deus o que ainda estais por descobrir, junto ao vosso esposo estrangeiro...

Num sorvo profundo o velho áugure fitou o vazio como a enxergar acontecimentos ainda muito distantes...

– Logo reencontrareis um precioso vínculo de vosso coração! O experiente e criterioso Felipe II desconhece, até mesmo descrê, da possibilidade de valiosas realizações afetivas em sua existência de solidão, tristezas e decepções amorosas! Apesar disso, o amor ainda será possível, e o amor por vós, preciosa Isabelle, será o único que o monarca experimentará em toda a sua arrojada existência!

"Representareis o maior valor que a alma do argucioso e possante governante já granjeou, muito maior do que as vitórias bélicas e as conquistas políticas. Transformar-vos-eis em valorosa benfeitora para o país que vos abrigará calorosamente. Sereis adorada por vossos súditos e venerada por vossos secretários, muito contribuireis para os bens artísticos, filantrópicos e sociais de Espanha! Que as bênçãos dos céus recaiam sobre vós!

"Parti, veneranda pequena rainha, munida de paz e confiança rumo a vossa ventura. Há muito tempo vosso esposo vos espera! Há séculos vos procura!"

Transpirando abundantemente, o valetudinário profeta encaminhou-se para o divã onde repousava o imperante François II de França, abatido e esquálido. Logo após a morte trágica do pai François, assumiu o comando da nação, tendo sua mãe como regente; entretanto, parecia que a vida não concederia muito ao jovenzinho de aproximados dezesseis anos.

– Madame Catherine, neste magnificente crepúsculo, a Excelsa Sabedoria permitiu-vos conhecer, conforme queríeis, o destino de vossos herdeiros e de nosso precioso estado francês!

"Não hesito que no segredo de vossa alma já conheceis toda verdade: não há muito que prenunciar sobre os feitos de nosso inditoso governante, François. Apenas admito o que os experientes clínicos de vossa corte, certamente, já vos anunciaram: não há mais nada a fazer, senão aguardar."

O rapazinho nada ouvia, porquanto quedava-se numa letargia profunda, sob o efeito das tisanas e analgésicos dos exímios sanitaristas da corte francesa.

Catherine, gélida e trêmula, não perdia a enfibratura e a rigidez, que sempre lhe caracterizaram a personalidade. Bradando por madame Jeanne Dubois, convocou-a, bem como as demais aias que se lhe subordinavam à autoridade, encomendando-lhes as crianças, de modo a serem retiradas da grande sala. Permanecendo a sós com o mestre Michel de Nostredame, convidou-o para assentarem-se, porquanto não duvidava que ele retinha outras revelações, as quais não desejou expor em face dos pequenos.

– *Par Dieu, monsieur* Nostredame! Que amargura para o meu desolado coração! – protestou Catherine, enxugando as lágrimas. – Seria tolice infantil encobrir o fato de que me abalo drasticamente com as vossas ressalvas! Entretanto, entrego as nossas vidas nas mãos de Deus, visto que possuo fiéis comprovações de que a vossa palavra inspirada é digna de meu completo crédito! Existe algo mais que desejais me expor?"

– Seguramente, minha Senhora! Nada obstante, o vosso extremado coração maternal decisivamente já vos anuncia muita coisa...

Sem nada dizer, a viúva de Henri permanecia em silêncio contrito esperando as observações do mestre, com olhos vidrados.

– Veneranda madame Catherine, cumprindo um dever que o destino me concedeu, resguardado no mistério do Criador com as visões do futuro, visões excessivas vezes dolorosas, fazendo-me igualmente sofrer, pronuncio: a poderosa genealogia Valois está prestes a se extinguir para sempre! Dos vossos dez filhos, três já se foram, sem a chance de conhecer a existência na terra... Todos eles, excetuando-se *mademoiselle* Marguerite, jamais obterão venturosa longevidade nas paisagens de experimentos terrenos! O pobre François estará em brevíssimo tempo no seio de Deus, para dar lugar a Charles-Maximilien na preferência ao trono francês. Este, junto a Claude, Isabelle, François, o duque de Alençon, extinguir-se-ão para a vida com pouco mais de vinte primaveras de idade. Alexandre-Edouard avançará algo além, em anos vividos, contudo não muito... Marguerite, sorvendo uma amarga existência, aturará cerca de seis décadas de existência... Estas apreciações, concedidas pela misericórdia do Criador, já as havia, em algumas nuanças, esboçado ao nosso extinto monarca francês, quando de minha primeira visita a Paris.

"Lamentavelmente, senhora, os sinais para a vossa descendência são dramáticos, visto que a maioria destas vidas está marcada de muitas tragédias, sangue, amarguras e antecipados adeuses. Revelo-vos tais notícias cumprindo uma obrigação para com a verdade e sob as ordenanças e soberania de vossa majestade!"

Catherine estava perplexa e atormentada. Não podia aceitar tais avisos. Perguntava-se muitas coisas no silêncio do coração, contudo, sem resposta: "Como Deus pôde escolher os de sua sagrada família para punições tão terríveis? Que mal havia feito para fazer jus a tão atrozes fadários?... Afinal, durante todo o convívio matrimonial infeliz tolerara a imposição de uma concubina detestável, debaixo do teto de seu próprio domicílio... Aturara ultrajes inomináveis, suportando a amante do próprio esposo intentando dirigir a educação de seus rebentos valiosos."

Levantou-se bruscamente do assento. Caminhando de um lado a outro e friccionando as palmas com aflição, fazia tilintar seus ricos adereços:

– Ó *Sacre Bleu, Sacré Bleu*[34]!... Ó *mon Dieu!*[35] O que fazer senão aceitar o tormentoso destino, sendo esta a vontade de Deus para uma cristã devota, que unicamente desejou uma pátria votada aos abençoados bens de nossa igreja!

"Cumpra-se a Vontade Suprema e que eu tenha forças para suportar! Estarei preparada, *monsieur* Nostredame! Afinal, venci contínuas batalhas em minha jornada, pessoais e administrativas, que a minha morte bem como as de meus herdeiros encontrem-nos lutando por nossos sagrados ideais!

---

[34] *Interjeição: 'Sagrado Azul'. Cor que define o lábaro da pátria francesa, o patriotismo.*

[35] *Interjeição: 'Meu Deus' (Notas autorizadas pelo autor espiritual.)*

Aquele seria o derradeiro encontro do vidente de Saint-Rémy-de-Provence com a soberana francesa. Até mesmo as missivas se escasseariam, em curto tempo, pois Michel de Nostredame encontraria serenamente a morte sete anos depois, no dia dois de julho de 1566.

A gota e a falência da bomba cardíaca tiraram-lhe do palco da vida; entretanto, de forma bizarra e como último sinal de sua natureza mística – como tudo foi exato em sua vida –, morreu justamente no centésimo octogésimo terceiro dia do ano, ou seja, em sua metade precisa.

Catarina de Médicis e seus filhos, em 1561, em pintura de autor desconhecido

6. Novas Bodas

> Pagai à vida o que lhe é devido: a quem tributo, tributo; a quem imposto, imposto; a quem respeito, respeito; a quem honra, honra.
>
> (Paulo, Romanos 13,7)

> Juntos andemos, Senhor! Por onde seguistes, tenho de seguir; por onde atravessastes, tenho de atravessar.
>
> (Teresa d'Ávila)

No amanhecer do dia dezesseis de janeiro de 1560, o suntuoso gabinete oficial do paço de Toledo regurgitava de políticos e ministros, em derredor de dom Felipe e da presunçosa figura de dom Fernando Álvarez, na expectativa da chegada da comitiva francesa trazendo a jovem esposa do governante espanhol. Afinal, a valiosa concordata assinada em Cateau-Cambrésis dava curso aos seus arranjos.

A criadagem assoberbava-se com a arrumação das instalações particulares da menina e na decoração da nobre moradia. Tudo estava belo e alinhado para receber a filha mais velha de Catherine, que, na distante França, ainda amargurava-se duvidosa com as predições de *monsieur* Nostredame quanto a Felipe.

Além de dom Fernando Álvarez, o monarca entretinha-se secundado pelos ministros portugueses e conselheiros de estado: o maduro dom Ruy Gómez y Silva, também grão-mestre do palácio e ministro de finanças; Cristóvão Moura e Gonzalo Pérez, leais servidores da corte

Felipe II, em 1557, em pintura de Antonio Moro

espanhola, desde Carlos V; os secretários e *validos*[361] da corte espanhola,Juan de Escobedo e o aragonêz Antônio Pérez, filho de Gonzalo Pérez, que como o pai inseria-se no enredamento administrativo da corte. Por esta descendência e regalias o jovem Antônio Pérez conquistara uma educação primorosa, cursando na juventude as mais importantes universidades de Espanha: de Salamanca, Alcalá e de Lovaina.

Garboso, vivaz e bastante inteligente, fascinava as jovens donzelas por tais encantos e pela preeminência de sua colocação política na flor das vinte primaveras de vida. A pele clara, os arguciosos olhos negros sob as sobrancelhas perfeitas, a barba rala e bem aparada, os delicados bigodes concediam-lhe ao semblante uma fineza aristocrática. Constantemente vestia-se com grande aprumo, ostentando *chemisier*[37] de rendas branca com golas altas, num belo contraste sob os gibões de veludo negro. As lustrosas botas de couro compunham os *culottes*[38] da mesma cor dos gibões. À cabeça, sempre ostentava os alinhados chapéus altos e abaulados, ornado com plumagens coloridas.

Ambos os secretários, Juan de Escobedo e Antonio Pérez, eram estreitamente vinculados ao príncipe de Éboli, titulação do ministro Ruy Gómez y Silva.

Ajuntavam-se à aglomeração festiva, na expectativa das bodas do monarca, os cardeais Grãvela e Mateo Vásquez de Leca; o militar dom Francisco Gómez de Sandoval e Rojas, duque de Lerma; o diplomata, militar e estadista catalão Luiz de Requesens e Zuñiga. Igualmente, compunham o ajuntamento os jovens amigos de Felipe, os freis jesuítas, dom Juan de Mariana e dom Pedro de Ribadeneira, filho de Álvaro Ortiz de Cisneros, da tradicional e respeitável família toledana, 'Cisneros', cuja descendência marcou a história da região quando um seu antepassado, o jesuíta dom Hernando Ortiz de Cisneros, ganhou de dom Ferdinando IV um elevado cargo na governadoria de Toledo.

No entanto mais calorosamente próximo ao monarca assentava-se o bondoso e bem inspirado frei Juan de Mariana,[39] do qual Felipe

[36] Termo usado na Espanha a partir do século XVI que significava 'protegidos' ou 'olhos e ouvidos' de seus monarcas. (Nota autorizada pelo autor espiritual.)

[37] Camisa

[38] Calça larga na parte superior e justa no joelho ou abaixo dele, usada por militares franceses e para montaria. (Notas autorizadas pelo autor espiritual.)

[39] Juan de Mariana, religioso espanhol da Escola de Salamanca; nasceu em Talaver-

recebia fervorosamente impressões políticas, filosóficas e religiosas. A despeito das poucas vinte e quatro primaveras de existência, frei Juan de Mariana já denotava uma brilhante inteligência e um coração todo evangelizado, suas palavras e ações possuíam o brilho de seus sentimentos superiores, o que dom Felipe muito admirava, sempre bebendo de suas ideias percucientes e bem à frente de seu tempo.

– Senhor, as carruagens estão prontas para partir! – anunciou um criado, depois de solicitar licença.

– Certamente! O dever me conclama, devemos partir para Guadalajara; a esta altura o séquito francês, conduzindo a criança francesa, já deve estar aportando Roncesvalles, donde partirão para nos encontrar em nossa residência de Guadalajara. O bispo de Pamplona nos acompanhará para a realização do segundo cerimonial, entre mim e a menina Elizabetta – confirmara Felipe sem emoção, enquanto estirava os braços para trás, de modo a ser vestido com a casaca, por seu zeloso pajem.

Dom Felipe não era um homem de beleza perfeita, contudo, um enigmático carisma e magnetismo dimanavam de sua aparência. A tez clara, os olhos cor de jade escuro, sob os sobrolhos bem delineados, a barba cerrada e os bigodes bem feitos, do mesmo matiz loureiro dos cabelos, ligeiramente ondulados, emprestavam-lhe um encanto assaz especial. Conquanto de estatura meã, era austero e completamente imponente em sua autoridade, o simples fitar do monarca infundia, ao mesmo tempo, temor e encantamento.

Costumeiramente trajava-se com gibões e *culottes* de veludilho negro, o que permitia chamejar majestosamente, repousado no tórax, um rico crucifixo de ouro pendido por espesso cordão ao pescoço.

Devidamente aprumado partiu para Guadalajara acompanhado de uma numerosa comitiva.

---

na, Toledo, no mês de abril do ano 1536. Ensaísta, historiador e célebre professor de teologia em Roma, Palermo e Paris. Morreu em Toledo aos 16 de fevereiro de 1624. (Nota autorizada pelos autor espiritual.)

Enquanto o préstito preparava-se para a partida, tomando as várias carruagens, numa outra ala da casa real de Espanha, entre sussurros, um casal trocava juras de amor:

– Meu querido Antonio, voltai depressa para os meus braços; um dia distante de vosso olhar e minh'alma padece tristonha e solitária! – confessou entre suspiros soberba jovem de tez clara, farta cabeleira negra e suntuosamente trajada. Contudo, o esplêndido perfil feminino trazia um dos olhos encobertos por um tapa-olhos de cor negra, incrustado de lindos diamantes, anunciando que a moça perdera a visão nalgum grave acidente...

Tratava-se de Ana de Mendoza, esposa do respeitável ministro de Felipe, dom Ruy Gómez, e o amante era, nada menos, que o seu próprio secretário, o ambicioso jovem, Antonio Pérez.

– Minha querida, sossegai! Estaremos novamente juntos em breve tempo! Teremos, então, mais tempo para desfrutarmos de nossa paixão fora dos olhos do rei, doravante voltados para a nova consorte, assim como de dom Gómez, assoberbado nos costumeiros compromissos. Soube no conselho de hoje que sereis nomeada a principal secretária da nova esposa de nosso monarca, a tal francesa Elizabetta.

Sem esconder o dissabor, a voluntariosa Ana quedou-se repentinamente amarga e distante, como a relembrar algo excessivamente desagradável.

– Sim, Antonio, o próprio rei há poucos dias notificou a meu esposo esse seu desembargo, portanto já conheço esta deliberação!

– Não estais feliz, minha querida?! Certamente conseguireis numerosos privilégios: viagens, passeios e momentos agradabilíssimos assessorando a criança, pretextos que muito nos favorecerão!

– Ora, Antonio! Não achais que mereço muito mais do que ser pajem de uma adolescente mimada e estúpida?! É público o caráter altivo dos protegidos descendentes de Henri e Catherine de França...

Num sorvo contrafeito, a belíssima dama, agitando os ombros e friccionando as palmas com inquietação, logo procurou se recompor:

– Bom, deixemos que os fatos se desenvolvam por eles mesmos! Querido Antonio, agora segui depressa antes que algum incauto nos veja! Em seguida, estarei também partindo com meu cortejo para mais esta boda de Felipe, contudo, antes tenho alguns assuntos inadiáveis a tratar.

Ana Mendonza, a encantadora burguesa de apenas dezenove primaveras de vida e de origem destacada, fora dada por Felipe em casamento ao seu ministro dom Ruy Gómez y Silva, vinte e cinco anos mais velho do que a jovem. O rei concedeu-lhes a fidalguia de Condes de Mélito, perpetuando a titulação dos ascendentes da jovem. Contudo, a princesa de Éboli jamais penhorou constância afetiva ao marido, a despeito de tê-lo inabalavelmente ao seu lado, como um companheiro leal, amigo e protetor, que a amava com sinceridade.

Vivendo na corte espanhola há pouco mais de um ano, Ana de Mendoza y La Cerda era respeitada por ser filha de dom Diego de Mendoza, príncipe de Mélito e governador de Espanha, em terras na distante América Latina, assim como bisneta do importante sumo cardeal, Mendoza. Desta feita o consórcio foi, como tantos outros, um excelente arranjo político.

No entanto, caráter leviano e voluntarioso, apaixonou-se pelo próprio monarca de Espanha, desde o primeiro olhar, jamais se cansando de seduzi-lo com suas investidas exaltadas e as ardilosas extorsões, o que lhe granjearia no futuro muitos favorecimentos políticos: terras e bens, joias e criados; entretanto, jamais o amor do solitário filho de Carlos V e dona Isabel...

Por esta razão, algo no coração da duquesa de Mélito falava, de maneira bastante estranha, que a menina francesa poderia ser o amor esperado pelo monarca, ensombrando os seus sonhos de felicidade e fazendo com que perdesse definitivamente quaisquer esperanças junto ao coração de seu amado.

Assim acorreu, às ocultas e antes da partida, ao encontro de alguns feiticeiros e videntes, procurando se inteirar das emoções daqueles dois corações que se encaminhavam para, por fim, se conhecerem.

Não tardaria para Felipe II, secundado de sua volumosa comitiva aportar Guadalajara, de maneira a encontrar sua esposa, preso cada vez mais de um bizarro sentimento. À medida que se aproximava do ponto de encontro, sua conduta parecia transmutar-se e o coração, incontrolável, batia descompassado, ao mesmo tempo em que um certo nervosismo invadia-lhe a alma. O próprio monarca estranhava tão inesperado e incompreensível estado de expectativa. Desde o matrimônio em Paris, quando o seu ministro e procurador, o duque d'Alba, foi-lhe emissário, jamais pensou na menina, tampouco se interessou em conhecer seus modos e aparência. No entanto, ao sentir a sua aproximação, uma estranha aura contagiou-lhe completamente o ser.

De fato, havia apreciado algumas pinturas da face de Isabelle de Valois, contudo retratações de sua primeira infância, por esta razão não conseguia refrear o desejo de deitar os olhos sobre a jovenzinha, traído pelo misterioso destino.

Felipe, em poucas horas da partida de Toledo, já estava completamente transformado em suas concepções afetivas. Sucumbia enigmaticamente apaixonado por uma adolescente que sequer conhecia; no entanto, quanto mais dela se aproximava, mais lhe crescia o entusiasmo...

No paço de Guadalajara, depressa se apresentava num amplo salão para esperar o aparecimento da nubente, em prol dos primeiros entendimentos... Contudo, cada minuto de atraso do séquito da jovem francesa fazia sua angústia crescer, qual se não pudesse perder um instante a mais de sua vida longe daquela que estava para receber como esposa.

O monarca observava com grande e repentino arrebatamento a movimentação para as suas novas bodas, que repletava completamente Guadalajara e a casa real. Por todos os lados, a criadagem agilizava-se nas preparações para a suntuosa recepção: convivas mesclavam-se a cortesãos e a representantes políticos, que chegavam de todas as partes; os jardins eram especialmente ornados com centenas de guirlandas de flores, riquíssimas luminárias e chafarizes. Seu próprio préstito estava expectante e em todas as faces despontavam sorrisos inexplicáveis, como a denunciar que havia sido desnudado, aos olhos do conglomerado de autoridades, o súbito ardor apaixonado de Felipe pela infanta francesa Elizabetta.

Elizabetta de la Paz, em pintura de
Rodrigo de Villandrando, Museu do Prado

7. Elizabetta de La Paz

Agora, pois, permanecem a fé, a esperança
e o amor; destes três, porém, o maior é o amor.
(Paulo, Coríntios 13,13)

Ah! Essa divina prisão,
Do amor em que eu vivo.
Meu corpo de Deus cativo,
Mas livre é meu coração.
(Teresa d'Ávila)

Retrocedendo um pouco atrás, antes do aporte da numerosa comitiva de Felipe II em Guadalajara, enquanto ainda estava a caminho para o cerimonial dos esponsais do rei com a menina Isabelle de Valois, a ardilosa princesa d'Éboli aprontava-se para sair em direção diferente.

– Vamos, Alfonso, não tenho o dia inteiro. Apresse-se em trazer-me a carruagem! – gritou a voluntariosa dama ao seu criado, enquanto duas aias vestiam-na com uma capa negra, encobrindo-lhe a identidade com um volumoso capuz.

– Depressa, Juana. Não vos amolenteis! Partamos, sem delongas, Mariana!

Ana de Mendoza, antes de sair em desabalada correria, pegou estranho material já dentro de uma cesta, que parecia cuidadosamente guardado há muito tempo. Acompanhada das jovens, também ocultas em mantilhas escuras, dirigiu-se ao pátio externo.

– Mariana, escutai-me! Ficareis na caleche com Alfonso, de modo a vigiar qualquer aproximação suspeita. Diante de qualquer importuna abordagem, enquanto eu estiver no interior do arraial dos ciganos, corra a me avisar! – a bela Ana de Mendoza resmungava sozinha, enquanto o criado a sustentava para o embarque na carruagem:

– Magotes de nobres e cortesãos espanhóis meteram-se a procurar, sem descanso, os encantadores mouros, gentalha maldita e vil! Muitos deles eu conheço, não me enganam ao conseguirem os seus intentos escusos a preço de eficazes sortilégios. Felizmente esta maldita cerimônia em Guadalajara os afastou por algum tempo, oportunidade que não posso desperdiçar.

"Vossa *avuela*[40] é uma das melhores, cara Juana! Tão eficazes são seus encantos que não consigo mais retirar Juan de Escobedo e Antonio Pérez de meus calcanhares! – galhofou com desdém a jovem burguesa, para sombrear o cenho gravemente, em seguida.

– Até vos introduzir na corte mais poderosa do mundo. Ela conseguiu, não é mesmo Juana?! Uma miserável descendente de ciganos andarilhos! No entanto, só não me consegue o amor do homem adorado por meu pobre coração!

A jovem criada, baixando o rosto, sentiu uma lancetada no peito. Não apreciava a própria patrona, suportava com grande esforço a sua arrogância e presunção ante os menos afortunados.

– Senhora, perdoe-me o atrevimento, mas jamais minha família interviu junto aos espíritos para a minha entrada como serviçal na respeitável corte de nosso monarca Felipe. Fui recomendada à finada dona Mary Tudor nos dias mais difíceis de tratamento de saúde, quando tentava gerar um herdeiro para nosso rei.

– Calai, estúpida! Quem vos pede explicações? Quem deseja saber das odientas esposas de Felipe? E não me contrarieis! Se digo algo, tomai-o como verdade e pronto!

– Sim, senhora, desculpai-me – remendou a moça, trincando os dentes com falsa humildade sob os olhos estatelados de Mariana, que, da mesma forma, nenhum apreço possuía por aquela estranha mulher, cega de uma vista, ostentando um bizarro tapa-olhos, ora negro, ora vermelho, cravado de pedras preciosas, como a compensar a perda da visão.

Prosseguiram em silêncio até aportarem um distante arrabalde de Toledo, aprazível remanso à beira de um rio, onde um grande acampamento de ciganos havia se estabelecido.

[40] Avó.

Alfonso, escondendo a caleça entre espessos arbustos, permaneceu com Mariana, conforme fora combinado, enquanto Juana levava a patroa à presença da avó. Somente o fazia para que a família arrancasse as polpudas gorjetas da abastada burguesa, senão, preferiria deixá-la estertorar com seus desejos inconfessos...

Logo estavam à frente de uma velha senhora de aproximados sessenta anos que não conseguira levantar-se para receber uma de suas visitantes mais ilustres.

– *Buenas,*[41] dona Ausónia! Como tem passado?

– Melhor agora, minha nobre dama! Melhor agora! Estivestes desaparecida por muito tempo, por que motivo?

– Ora, ora, Ausónia, como se não soubesseis! Quem concebe abordar esse lugar, de bom grado, com a infestação de tantos conhecidos da nobreza espanhola?! Não vos deveis esquecer que eu não sou uma qualquer; se meu esposo descobre estes meus movimentos, estou aniquilada. Além do mais, não sou tão desassombrada quando vós e os de vosso clã, envolvidos diuturnamente com tantas bruxarias. Se pegos, jamais escaparão à temível fogueira inquisitorial!

A cigana, num esgar debochado, não sopitou a imediata resposta, visto que nunca possuiu nenhum temor da orgulhosa duquesa, que, ao contrário, constantemente esteve em suas mãos.

– Falais com muita altanaria, distinta princesa d'Éboli, no entanto não vos esqueçais de que sois tão desprezível quantos os sortílegos que vos servem! Somos o que somos, jamais vamos a ninguém para impor as nossas crenças espirituais; contudo, toda a casta nobre vem a nós, com infindáveis súplicas escusas! Temor e vergonha deveriam ter todos vós aristocratas por apresentarem-se aos olhos do vulgo com máscaras de hipocrisia. Quanto a nós, como disse: somos o que somos!

A dama, que já estava aflita pela impendente viagem a Guadalajara, depressa se arrependeu de provocar a velha cigana de língua mais maléfica que uma serpente, que nunca possuiu tranqueta na goela. Nada obstante, preferia tê-la por estúpida deambulante a reconhecer as verdades proferidas por sua língua mordaz. Desta feita, prosseguiu bem mais acomodada:

---

[41] Interjeição de saudação.

– Bem, deixemos tais altercações inúteis, pois estou de partida para as bodas de nosso rei em Guadalajara e meu esposo me aguarda em seguida ao seu séquito, que partiu há poucas horas.

– Ah! É verdade! Não se comenta outro assunto por todos os cantos, senão o venturoso novo consórcio de dom Felipe com a mocinha francesa! Percebo que deveis agir bem rápido, madame... – continuou a cigana provocativa, sabendo da irrefreável paixão de Ana de Mendoza por dom Felipe.

– Por falar em bodas, relembro o brioso dom Ruy Gómez, vosso esposo, e pergunto: como estão os vossos apaixonados cortesãos? E o monarca, ainda que na proximidade do festejado casamento político, contínua pródigo em dádivas à vossa graça?... – o sarcasmo da velha Ausónia irritava profundamente a dama, que a custo refreava o ímpeto de afrontá-la.

– Até agora, Ausónia, até agora! Contudo, falastes com juízo! A maldita boca do populacho não mente, parece mesmo anteceder os fatos! O novo consórcio do rei não está me trazendo agradáveis presságios. Sou acometida de pesadelos bem estranhos com essa jovem estrangeira. Vejo meu precioso Felipe incoercivelmente vertido ao seu amor...

Num sorvo ruidoso e enxugando o suor da testa com um lencinho de rendas, que jorrava em abundância, prosseguiu bastante acrimoniosa:

– Ele não é uma alma vulgar e facilmente dobrável, qual Escobedo e Antônio. Em sua solitária viuvez, a única coisa que consegui foi roubar-lhe um beijo, acreditais? Uma única e fugaz carícia!...

A velha feiticeira esparziu uma gargalhada que chegou a estremecer a inconstante princesa, fazendo-a detestá-la ainda mais, tanto quanto estar em meio àquela gente desprezível, da qual necessitava os préstimos.

– Paciência, cara senhora! Ele chegará aos vossos pés! O importante é mantermos dom Ruy Gómez sempre cego às vossas ações e apaixonado por vós.

– Pois bem, sem mais delongas. Como já disse, estou de partida para Guadalajara! Trouxe-vos esta garrafa do mais caro vinho para imantardes nele os vossos sortilégios, como fizemos com os outros. Arranjarei uma oportunidade de fazê-lo tomar pelo menos um cálice em comemoração aos esponsais. Todavia, que seja definitivamente eficaz!

"Resolvi-me, Ausónia, por seccionar a artéria do punho para que obtenhais as gotículas de meu sangue para o encantamento do vinho, conforme sugeristes na última vez que aqui estive... Encontrava-me bastante temerosa, entretanto, presentemente me decidi! Chamai depressa o irmão de Juana, hábil nesse mister. Trouxe todo o material de desinfecção. Acabemos logo com isso!"

Ao término de poucos instantes, estava diante delas um belíssimo rapaz que, malgrado as feições cerradas, não perdia a majestade e a graça, com seu porte alto, cabelos mui negros e anelados, tez parda e olhos de felino. Chama-se Hernã e, pela viçosa aparência, presumia-se possuir vinte e cinco anos. Apaixonou-se pela caprichosa cortesã desde a primeira vez que deitou nela os olhos. Ana era o maior encanto que já conhecera em sua vida, embora o estranho tapa-olhos...

Hernã atou o braço da dama com delicadeza e, seccionando-lhe uma artéria do braço, permitiu gotejar o sangue mui rubro direto num lenço branco, sobre a palma da mão da avó. Depois de contar um número específico de gotículas, submergiu-o no vinho já aberto e, com satisfação, garantiu:

– Vereis que agora nada distrairá a mente do governante dos vossos encantos e obtereis tudo o que desejardes. Essa jovem que ele foi buscar em França jamais será uma ameaça para vós! Quando chegardes de El Alcázar de Guadalajara, mandai vosso criado Alfonso buscar a garrafa de vinho; ela estará pronta.

Numa risada prazenteira, a velha senhora esperou a costumeira e polpuda gratificação.

Ana de Mendoza, sentindo o braço direito, em consequência do pequeno talho, enfiou a mão esquerda numa dobra da veste e retirou as preciosas *piezas*[42] de ouro.

Sob os olhos satisfeitos da anciã e dos demais parentes de sua criada, virou-se e partiu com extrema pressa, de maneira a demandar para Guadalajara o mais breve possível. Somente Hernã a fitava com languidez e tormenta, ante a impossibilidade da realização de seu amor, afinal quem era ele para capturar a afeição da tão altiva duquesa dona daquele bizarro tapa-olhos?

[42] Peças, moedas.

No findar do mês de janeiro de 1560, finalmente Felipe vislumbraria a soberba face da filha de Catherine, adentrando o suntuoso salão oficial do paço de El Alcázar de Guadalajara.

Isabelle estremeceu tão logo seus olhos, negros como o negrume misterioso e temível da noite, repousaram sobre a compleição madura do esposo granjeado em negociação política.

O corpo da jovem entorpeceu e a mente vacilou, por segundos; a máquina cardíaca parecia querer romper do peito, enquanto, mais e mais, aproximava-se de seu consorte por encomenda.

Finalmente, face a face com ele, Isabelle sentiu imenso ímpeto de lançar-se aos seus abraços, mal conseguindo reprimir uma saudade que parecia antiga e indecifrável...

O potente e experimentado monarca de Espanha assemelhava-se a mero adolescente abruptamente surpreendido por um amor, a um só tempo, enigmático, cândido e arrebatador, que lhe dominava impetuosamente o coração. Dobrando-se em reverência à juvenil esposa, saudou-a:

– Minha graciosa Elizabetta, sede muito bem-vinda ao vosso lar! Nossa Espanha está honorificada por vossa presença em sua liderança!

Assim falando, tomou a mãozinha da menina já estendida, beijando-a com devoção.

A mente de Felipe oscilava e seu corpo varonil e robusto tremulava de forma extraordinária. Não conseguia retirar o olhar da face da encantadora francesa, mal dominando o impulso de lançar-se aos seus pés num doloroso pranto de saudade.

– Obrigada, meu Senhor! Jubilo-me pela honra de desfrutar tão prestigioso trono, haja vista que as notícias de vossas excelentes aptidões e intrépida bravura correm distâncias! – congratulou a jovenzinha ainda com a destra entre as palmas de Felipe, que se perdia nas palavras cadenciadas e inteligentes da infanta.

À observação de todos os presentes estava claro: Felipe jamais se quedara tão enlevado por uma criatura; parecia mesmo conhecer a menina estrangeira de longa data. Ao vê-lo daquela forma exultante, um estranho contentamento preencheu de igual modo as almas de seus mais leais sequazes: o duque de Lerma, dom Francisco Gómez de Sandoval y Rojas; o ministro dom Ruy Gómez y Silva e dom Fernando Álvarez de Toledo y Pimentel, o duque d'Alba, que intimamente sorria, confirmando o seu presságio ao conhecer a criança no cerimonial de Paris, no qual esteve representando seu rei. Maiormente rejubilava-se o grande amigo de Felipe, o bondoso frei Juan de Mariana.

Incognitamente, a felicidade de Antonio Pérez e de Juan de Escobedo era bastante diferente! Sem que ambos soubessem, eram ludibriados pela astuciosa Ana de Mendoza, que desfrutava da paixão de ambos, às ocultas. Portanto, nada melhor que um amor verdadeiro para a vida de Felipe, uma vez que os secretários conheciam a veneração de sua amante pelo rei.

Dom Francisco Prudêncio de Sãdoval, bispo de Pamplona, era todo alegria ao testificar que selaria uma aliança com prenúncios de uma verdadeira afeição.

Felipe, dirigindo-se outra vez à esposa, ensaiou algum assunto somente para ouvi-la; assim, questionou:

– Fizestes um agradável transcurso até Espanha, Elizabetta?

– Muito agradável, meu rei!

– Não vejo o instante de vos mostrar vossas possessões! Toda paisagem que comporta o reino hispânico é belíssima! Sereis muito feliz em vosso novo lar, não duvido! Em breve tempo estareis em vossa nova residência de Toledo, e não tardará a nossa mudança para o paço de El Alcázar de Madri, decisão que venho tomando há algum tempo.

Num suspiro prazeroso, o noivo estacou na exposição, como a esquadrinhar estrategicamente as ideias:

– Comunico-vos, minha querida, que ao mesmo tempo deliberei fazer erguer a noroeste de Madri, na esplendorosa encosta de Guadarrama, nas fraldas da poderosa montanha Abantos,[43] um novo palácio, mas que será igualmente um monastério, uma morada eterna para

[43] Monte Abantos, na serra Guadarrama, possui 1.760 metros de altura e localiza-se na fronteira municipal de San Lorenzo de El Escorial, Madri, salvo uma pequena parte oeste, pertencente à província de Ávila. (*Nota autorizada pelo autor espiritual.*)

mim e minha família, na qual estais definitivamente incluída. No belíssimo planalto, a mil e dezesseis metros de altura acima do nível do mar, no magnífico aclive, já ordenei escavar um gigantesco platô... De lá, o majestoso edifício, que já tomou forma em minha mente, dominará toda a paisagem, cuja concepção entreguei à genialidade artística dos grandes mestres espanhóis: Juan de Herrería e Bautista de Toledo...

"O nome do santuário que imortalizará o meu governo e autoridade será El Escorial, na vila de San Lorenzo de El Escorial, e será todo para o vosso deleite! Estudei detidamente as descrições do célebre historiador judeu, Flavius Josefus,[44] ao descrever o templo de Salomão e, nos mesmos moldes, almejo erguê-lo...

" Quando finalizada a sua construção, não bastarão cinco dias inteiros para conhecerdes as suntuosas instalações: estender-se-ão quilômetros e quilômetros de corredores, centenas de salões, milhões de janelas e portais, muitos pátios e ricas escadarias, além das esplêndidas fontes, que não poderão faltar! Tudo isso para vós e nossos filhos, minha querida! Aos jardins de El Escorial eu farei chamar: 'Jardins de Elizabetta' ou 'Jardins da Pequena Monja'.

O monarca era todo encantamento. Os olhos refletiam o brilho das estrelas e, ao falar, musicalidade encantadora repercutia de sua voz.

– Meu Senhor, se antes possuía alguma hesitação, presentemente não retenho nenhuma dúvida de que encontrei o meu lar. Fui acometida, nos últimos dias, de sonhos maravilhosos, que pareciam me dar

[44] Flavius Josefus nasceu no ano 37 ou 38 d.C. e morreu aproximadamente entre os anos 100 e 103 d.C. Foi um grande historiador judeu do século I. Seu nome de nascimento era Yosef Ben-Matityahu (Matatias). Pertencia a uma família aristocrática de Jerusalém e de uma classe sacerdotal asmoneia. Com treze anos de idade, entrou em contato com as três principais tendências do judaísmo do primeiro século: a dos saduceus, dos fariseus e dos essênios, bem como, posteriormente, com o cristianismo, de cuja doutrina possuía muitas anotações e conhecimentos. No entanto, deliberou não se converter a nenhuma delas. No ano 64 d.C., aos vinte e seis anos de idade, Josefus vai a Roma para interceder, junto ao imperador Nero, por alguns sacerdotes judeus aprisionados ilicitamente. Entre os anos 68 e 70 d.C. participa da Guerra Judaica e é feito prisioneiro pelo general Titus Flavius Vespasianus, que se toma de afeição pelo rapaz, adotando-o e levando-o para Roma consigo. Por esta razão, foi inserido em seu nome de nascimento – Yosef Ben-Matatias – o complemento: Flavius. Recebeu cidadania romana. Dentre as suas obras está a celebre *Antiguidades Judaicas*. (Nota autorizada pelo autor espiritual.)

notícias de que a idealizada e inatingível felicidade poderia estar mais próxima, mais tangível do que eu supunha!

Ao declarar o seu imprevisto sentimento por Felipe, a jovem enrubescera, baixando a fronte ligeiramente.

O amado filho de dona Isabel não cabia em si de contentamento. Tomando o queixo de Isabelle com a ponta dos dedos, resgatou-lhe o olhar fascinante, qual duas pérolas negras de grande estima.

– Minha preciosa Elizabetta, sois ainda uma criança, mas em breve tempo vos encontrareis madura para gerarmos uma família e consolidarmos nossa ventura. Por esta razão hesito ao depositar aos vossos ouvidos infantis a minha inesperada emoção; após conhecer-vos, sinto-me algo embaraçado...

"Jamais alguém arrebatou de meu coração a fascinação que fruo nesta hora, nenhuma das esposas anteriores, nenhuma cortesã...

"Certamente Deus poupou-me, não me permitindo, sequer, suspeitar da possibilidade desse amor, pois não toleraria aguardar esses sete longos meses que permanecestes em Paris. Meu ministro, dom Fernando Álvarez de Toledo, que conhecestes por ocasião da oficialização do tratado de Cateau-Cambrésis, foi extremamente clarividente ao vislumbrar a possibilidade de uma união feliz e verdadeira entre nós, com o pleno comprometimento do coração! Tão raro acontecer em matrimônios políticos!... Confesso que me intriguei ao ouvi-lo, contudo permaneci incrédulo...

"Agora eu também ovaciono com toda a Espanha, que vos aclama: 'Elizabetta de la paz'! Não duvido, sois o grande divisor de águas de minha existência, comumente arrojada aos empreendimentos bélicos e políticos. Eu, que jamais permiti a nenhuma das finadas esposas imiscuírem-se nas questões de Estado, de bom grado afirmo que divido convosco a direção de todos os assuntos concernentes a nossa pátria!"

Isabelle de Valois era um oceano de alegrias... Como interpretar as emoções sentidas ao lado daquele homem que parecia representar tudo em sua vida, em tão pouco tempo?! Amava-o, amava-o com todo ardor de sua alma, entretanto que estranho amor era aquele nascido na sequência de algumas poucas horas?!...

Tudo girava como um carrossel de fantasias... Tudo era por demais magnífico para ser verdadeiro.

No dia dois de fevereiro de 1560, em suntuoso cerimonial nas instalações reais de Guadalajara, numa segunda e definitiva cerimônia, Felipe II de Espanha casa-se com Isabelle de Valois, debaixo dos olhos de milhares de convidados. Havia incontáveis insatisfeitos e muitos invejosos, sem dúvida, porém a grande maioria dos presentes jubilava-se por aquele inesperado ânimo apaixonado demonstrado pelo circunspecto monarca, que contava com um grande séquito de admiradores.

Isabelle parecia um anjo descido do empíreo celeste, com um riquíssimo vestido de rendas francesas, em tons de branco e dourado, bordado de ricas pedrarias e confeccionado especialmente para a ocasião. A cabeleira muito espessa e negra fora arranjada num gracioso penteado completamente engastado de pérolas e gemas preciosas...

Felipe era todo jovialidade, jamais seus olhos refletiram um tal brilho. No íntimo, lamentava tardiamente não ter mandado confeccionar o mais rico dos trajes para as bodas que, inesperadamente, encheram a sua alma de nova vida.

Depois da sagração e das bênçãos do bispo de Pamplona, dom Francisco Prudêncio, sob grande ovação e uma chuva de pétalas de rosas, o casal passou a ser cumprimentado por todos os pressentes.

Em meio aos festejos, destacavam-se o pomposo duque d'Alba e o ministro dom Ruy Gómez, ambos ladeados das requintadas esposas, respectivamente, a duquesa d'Alba, dona Maria Enríquez Álvarez de Toledo, e a condessa de Mélito, dona Ana de Mendoza, esta última de olhares injetados, sem perder um movimento do monarca e de sua nova esposa.

Dom Fernando Álvarez num dado momento segredou algo aos ouvidos do ministro, no entanto, inaudível às damas:

– Meu caro dom Gómez, intimamente felicito-me pelos certeiros presságios acerca deste matrimônio! Conheço Felipe como a palma de minha mão, nunca o vi tão exultante!

– Inegavelmente, chanceler, isto é manifesto para todos nós. Contudo, de minha parte, jamais cri na possibilidade de um legítimo amor brotando no coração de nosso monarca... Vejo que me enganei!

Sem o saberem, as impressões dos dois grandes chefes de governo de Felipe II eram compartilhadas pela totalidade dos presentes.

Felipe II, vencido pelo imprevisto sentimento, sem aguardar a benzedura dos reservados aposentos nupciais pelo bispo de Pamplona, desconsiderando, até mesmo, a sua mística religiosidade, carregou apressadamente a jovem esposa para a intimidade da câmara real para dela ter a exclusividade das atenções.

Representação iconográfica da famosa batalha de Lepanto (1571), autor desconhecido, Nacional Maritime Museum

8. A Guerra da Santa Liga

> Porque não faço o bem que prefiro, mas o mal que não quero, este faço.
>
> (Paulo, Romanos 7,19)

> Quem tiver alguma paixão dissoluta não pode confiar nas próprias capacidades, nem em dons recebidos de Deus, julgando que jamais ficará cego e insensível e nunca cairá no mal.
>
> (João da Cruz)

As conturbações na igreja no período do renascimento, a partir do ano 1527, com o surgimento do protestantismo, abalaram sobremodo a Inglaterra de Henrique VIII e minaram as poderosas Alemanha, França e Espanha, de Carlos V e Felipe II, com graves crises internas.

Nada obstante, a excessiva cupidez dos líderes católicos foi o que realmente deflagrou muitas guerras e horrores, não os pretextos da fé e da fidelidade aos dogmas católicos. Inclusive, alguns desses tais mandatários travariam alianças com os próprios antagonistas muçulmanos, de modo a assegurarem as suas veemências particularistas.

Lançando um breve olhar nos anos vindouros, testificaremos uma significativa expansão do império otomano iniciada no século XV, com o domínio da Pérsia, do Egito e posteriormente de Rhodes, expulsando a ordem de São João de Jerusalém para Malta, ao sul da Sicília.

O recém-descoberto Brasil seria anexado à Espanha no ano 1580, com a morte de dom Sebastião de Portugal, na mesma época em que viveria naquelas terras o frei José de Anchieta. Uma tradição marcaria o imaginário popular, sendo sempre repetida, de geração a geração, nas terras brasileiras: 'Anchieta, numa exaltação psíquica, previu a morte do governante português e o futuro sucesso espanhol no embate de Lepanto'.

A ordem de São João de Jerusalém, apelidada pelos 'hereges' de 'os escorpiões do Mediterrâneo', no ano 1565 venceria os otomanos, quando estes tentariam invadir a ilha de Malta. Constatar-se-ia, no lado muçulmano, uma baixa de trinta mil homens e de seu grande general, Dragut Rais. Assim sendo, Felipe II ver-se-ia nos anos seguintes em meio a uma crise antiga e de largas proporções, embora fruindo no convívio particular uma felicidade jamais vivida.

Os discursos de dom Antonio Michele Ghisleri, futuro papa Pio V,[45] inflamaria a alma de Felipe, sempre devota à igreja: 'soerguer a igreja, guerrear contra o protestantismo e sobrepujar os inimigos turcos.'

O pontífice de Bosco incentivaria, com grande veemência, a criação de uma aliança contra os líderes muçulmanos, conquistando o apoio do grão-mestre da ordem de São João de Jerusalém, por sua vez, atemorizado em Malta e na iminência de abandoná-la. Felipe II inscreve a Espanha na Santa Liga, em defesa da igreja. Entretanto, Veneza não suportaria uma aliança composta pelo inimigo reino hispânico, que reagiria da mesma forma, apontando Veneza como aliada dos turcos.

O papa Ghisleri interviria, pedindo paz e conclamando à poderosa Espanha proteção para Malta, de modo a assegurar a rota marítima até Chipre. Felipe II enviaria seus embaixadores tencionando travar uma fleuma com os temíveis doges[46] de Veneza.

Dom Marco Antônio Colonna é destacado pelo papa Pio V para chefiar a esquadra pontifícia, pois o comandante – que

[45] O papa Pio V nasceu Antonio Michele Ghisleri na cidade Bosco, Itália, a 17 de janeiro de 1504. Ingressou na ordem dominicana aos dezessete anos, passou a bispo, cardeal, com o título de Santa Maria Sopra Minerva, inquisidor-mor e, finalmente, elevou-se ao papado a 7 de janeiro de 1566. Morreu em Roma no mês de maio de 1572.

[46] Assim foram chamados, por centenas de anos, os magistrados e líderes da república de Veneza, tal título é originário do latim '*dux*', tendo como equivalente o italiano '*duce*', 'duque'. Contudo, a palavra '*doge*' também significa 'doze', em italiano, atribuindo-se que a aliança dos mandatários de Veneza era composta de doze duques vitalícios. (Notas autorizadas pelo autor espiritual.)

também funcionava como um mediador – era amigo de Felipe II e dos temíveis doges venezianos. Sob a palavra inflamada do sumo pontífice, todos são convocados a uma nova cruzada. As negociações estender-se-iam até o ano 1571 entre o rei da Espanha e os líderes de Veneza, que, bem mais acomodados, começariam os preparativos para a batalha de Lepanto. Destarte, o estandarte da Santa Liga é levantado solenemente na igreja de Santa Clara, em Itália, pelas mãos do cardeal Grâvela, na presença de muitos nobres.

Messina é eleita como o porto de partida para a guerra.

Nos dias 15 e 16 de setembro daquele ano, as naus começariam a se mover, de par em par; as cores dos lábaros marcariam as suas posições na batalha. À frente, em destaque e demonstrando sua pujança, tremulariam os pendões verdes de dom Andrea Doria, o comandante dos espanhóis, em seguida viriam os demais...

Os estandartes do papa e da Santa Liga ficariam guardados para o momento exato do embate. À direita, na estratégia da batalha, posicionar-se-ia Marco Antônio Colonna, na nau-capitânia do papa; à esquerda, o brioso veneziano Sebastião Veniero, grande conhecedor da arte de marear, no alto de seus setenta anos de existência, arrogante e aparatoso, ladeado por seus sequazes e tripulantes estender-se-ia como sempre na proa de sua nau.

A divisão de Veneza seria comandada pelo nobre Barbarigo, com bandeiras amarelas; as brancas, por fim, de dom Álvaro de Bazán, fechariam o majestoso saimento marítimo.

O núncio papal faria a benzedura de cada barco dos cruzados; todos os comandantes a receberiam reverentemente dobrados nos joelhos e de olhares extáticos...

Entretanto, lamentavelmente, os danosos resultados repercutir-se-iam pelos séculos sem fim... Domicílios públicos e privados seriam queimados, objetos do culto protestante profanados, corpos de padres, homens, mulheres e crianças, destrinchados, empalados e carbonizados...

Até que, finalmente, seria localizada a esquadra inimiga em Lepanto, porto localizado algo ao sul do estreito de igual nome, unindo os golfos de Patras e de Corinto.

Os brados insanos repercutir-se-iam-se: "Este é o dia em que a igreja deve mostrar o seu poder, aniquilando a seita herética, pela vitória de Deus".

E, mais adiante: "É pela vontade de Deus que todos vós estais aqui, para punir a heresia destes cães bárbaros! Todos cumpram o seu dever! Sustentai vossos ânimos no Deus dos exércitos, que rege e governa o mundo e a humanidade!"

"Lembrai-vos de que guerreais pela fé e nenhum covarde ganhará o céu." Acrescentavam outros.

Os europeus sustentariam o entusiasmo, não só com as afirmações vigorosas, mas também na distribuição de livros sacros, comendas e rosários. Os inimigos, por sua vez, cantariam hinos, soprariam suas cornetas, ao mesmo tempo, bateriam em grande algazarra nas cimitarras, lamuriando homilias:

"Allah! Dá-nos essa vitória! Allah! Dá-nos esse triunfo! Os cordeiros cristãos vêm a nós para que os imolemos, em oferenda a Vós", bradariam os mouros.

Nos navios da Santa Liga, os galés abandonariam os remos num tremendo abalroamento e lutariam ferozmente contra os otomanos.

O restante da esquadra inimiga bateria em retirada e se dispersaria, enquanto as trombetas católicas proclamariam a todos os ventos a vitória da Santa Liga na maior batalha naval que a história jamais registraria.

As perdas dos 'infiéis' seriam enormes: cerca de quarenta mil mortos; dez mil seriam feitos prisioneiros, dentre os quais os dois filhos do líder Ulaj Ali Pacha[47] e quarenta outros familiares da nobre grei otoma-

[47] Ulaj Ali Pasha, almirante e corsário otomano, nasceu na Itália, recebendo o nome de Giovanni Dionigi, em data desconhecida. Foi feito prisioneiro de Khair ad Din. Depois de algum tempo como escravo de galera, converteu-se ao Islã e entregou-se à pirataria. Era comum os piratas desta época serem, na verdade, abjurados das terras cristãs. Há indícios de que governou Argel no ano 1568. Ali Pasha, no dia 7 de outubro de 1571, na batalha de Lepanto ou guerra da Santa Liga, sustentava o flanco esquerdo da esquadra otomana. Na iminência da derrota, contornou os seus oponentes, a fim de salvar sua armada e voltou para Istambul. (Nota autorizada pelo autor espiritual.)

na. Cento e vinte galeras seriam conquistadas e cinquenta postas a pique ou incendiadas, grande parte da artilharia remanesceria em poder dos vencedores. Doze mil cristãos escravizados alcançariam a liberdade. A baixa da Liga seria de oito mil mortos, enquanto submergiriam doze galeras.

No dia 1º de maio do futuro ano de 1572, morreria Pio V, afirmando que Nossa Senhora do Rosário ganharia a batalha pela igreja, entretanto, não se exoneraria de verificar – na condição de espírito liberto – que a vitória de Lepanto salvou a igreja, mas deixou sequelas dramáticas, mormente para as consciências impenitentes.

O último ato de Pio V, antes de morrer, seria confiar ao seu tesoureiro um saldo de treze mil escudos, dizendo: "Essa quantia prestará bons serviços à guerra da Santa Liga."

A tão obstinada liga católica se desfaria, o rei de França proporia ao líder muçulmano uma aliança contra a poderosa e temida Espanha, num circuito de acordos de poder, de interesses escusos e de ufania religiosa, no qual nunca existem verdadeiros triunfadores.

O funesto ano de 1572 mancharia pelos tempos sem fim, de sangue e ódio, os lábaros das nações ditas cristãs, assim como assinalaria graves compromissos e expiações para as consciências impenitentes, ante as leis sublimes do Criador!

Neste mesmo ano, após o saldo de incontáveis mortes, que culminaria com a batalha de Lepanto, suceder-se-ia em França o tenebroso massacre de São Bartolomeu, maculando tristemente a história do gênero humano, nas questões afetas à religião, como um dos períodos mais bárbaros de que se tem notícias.

9. O Conluio da Princesa d'Éboli

Eu, porém, vos digo que todo aquele que entrar em ira contra seu irmão estará sujeito a julgamento; e quem proferir um insulto a seu irmão estará sujeito a julgamento do tribunal; e quem lhe chamar: "tolo", estará sujeito ao inferno de fogo.

(Jesus, Mateus 5,22)

Não nos basta saber que somos alma, somente porque nos foi dito assim, sem nada fazemos para preservar sua beleza. Se só cuidamos da moldura grosseira desse diamante ou da aparência desse castelo: o nosso corpo.

(Teresa d'Ávila)

De retorno a Toledo, os festejos continuavam e a corte era completo júbilo com a nova residente de seus domínios, habitante esta que trouxera infinda mudança para a vida do monarca espanhol.

As magníficas paisagens toledanas, no território da velha Castilla, que representavam o cerne da vida comercial e política de Espanha, estavam em polvorosa com a chegada da comitiva a conduzir a noiva trajada de veludo e musselina de seda, brocados e coberta com um

Dona Ana de Mendoza y de la Cerda, princesa d'Éboli, em pintura atribuída a Alonso Sánches Coello, século XVI.

rico manto de arminho. A negra cabeleira da exultante jovem coruscava de pérolas refletidas pelos fogos de artifício, enquanto o cortejo rumava para ao palácio de El Alcázar.

Felipe, prazenteiro e com um largo sorriso, acenava à vassalagem comprimindo-se nas ruelas, contudo não interrompia a marcha em direção à sua residência. Metido num suntuoso gibão de veludo verde, cravejado de gemas raras, sobre magnífica camisa de rendas que, abotoada até o pescoço, deixava transparecer com graça e requinte os babados nos punhos e ao redor do queixo, culotes da mesma cor do gibão, sobre fina *polaine*[48] eram arrematados por lindos *scapins*[49] de couro.

Bufões, anões, ginastas em evoluções maravilhosas, seguidos de *hidalgos*, políticos, valetes e gente do povo secundavam o aristocrático cordel.

Em meio a aglomeração, encontrava-se a esplêndida burguesa, Ana de Mendoza, acompanhada da prima, Maria de Mendoza, da tia dona Luisa y la Cerda, o esposo desta, dom Arias Pardo de Saavedra, marechal de Castilla e mestre de Malagón, e pelo tio, irmão de dona Luisa, o conhecido duque de Medinaceli. Dentre eles a singela morgada, dona Maria de Salazar, que se tornaria em brevíssimo período devota discípula de uma carismática monja carmelita que entraria em visita a Toledo...

Desgostosa e invejosa, Ana de Mendoza aguardaria o momento exato para agir secundada em suas intenções inconfessáveis pelos criados, Juana, Mariana e Alfonso, que depressa lhe depositou às mãos a garrafa do vinho, de reservada safra e impregnado de energias mágicas pela velha cigana.

Reunida com seus pares, amigos e familiares, na aglomeração festiva, dona Ana de Mendoza buscava imprimir um semblante festivo, não prodigalizando a excelente oportunidade de imiscuir-se, cada vez mais, ingressando em meio ao séquito nobre, ao lado do esposo, dom Ruy Gómez.

Aportando o palácio de El Alcázar, o cortejo desfez-se para ingressar à casa palaciana um grande número de convivas, que depressa

[48] 'Polaina', palavra originária do francês. Parte do vestuário masculino, espécie de meia, que em tempos mais remotos cobria toda a parte inferior das pernas.
[49] 'Scapins', estilo de calçado clássico francês, pontiagudo. (Notas autorizadas pelo autor espiritual.)

repletavam as instalações de recepção para um banquete de boas-vindas à nova dama de Espanha.

Alfonso habilmente imiscuiu-se no grupo de serviçais de coparia, dentre o qual Juana possuía leais amigos, conseguindo depositar o vinho magnetizado pela velha Ausónia numa grande taça de cristal, a ser entregue ao radiante líder espanhol...

O fiel criado de Ana de Mendoza, com felina agilidade, cuidou para que o cálice fosse estrategicamente servido numa única salva de prata e conduzido diretamente ao rei.

Tão logo a princesa d'Éboli percebeu a movimentação dos criados adentrando no salão com bandejas repletas de cálices, sabia que era a hora de agir.

Depressa tomou de uma e ergueu-a ao alto sorridente, prontamente acompanhada por todos os presentes.

– Proponho um brinde ao novo consórcio de nosso rei! A ele uma vida venturosa e uma prole numerosa! Prosperidade e vida longa aos monarcas de Espanha, Elizabetta e Felipe!

– Felicidade e vida longa aos monarcas de Espanha! – acompanharam em coro todos os presentes.

Felipe prazenteiro recebeu a taça que lhe foi especialmente entregue e num leve sorvo pressentiu algo bastante incomum... O paladar da bebida estava estranho e, num lampejo de grande perspicácia, fitou o semblante de Ana de Mendoza e em seus olhos devassou um brilho ainda mais estranho que a própria bebida, desta forma limpando os lábios discretamente com um lenço de rendas, retirado discretamente do bolso do gibão, não se atreveu a tomar nem mais um gole.

A ambiciosa esposa do ministro trincou os dentes, intimamente furiosa, retirando da face o fulgor vitorioso.

O banquete transcorreu animado por música e pelas graças dos bufões; fora das muralhas de El Alcázar desenvolviam-se alegremente as corridas de touros, as danças e os sapateados. No entanto, pelo cansaço da recente viagem, Felipe não demoraria a se retirar e a comemoração ir chegando ao seu término, dispersando-se gradualmente o ajuntamento de autoridades e cortesãos. Além do que, o monarca demonstrou aos seus mais próximos o desejo de apresentar pessoalmente à esposa as principais acomodações de sua nova residência palaciana.

Depois de acomodar Elizabetta, cerca de uma hora mais tarde, estava ele em seu gabinete oficial, despachando alguns documentos junto aos secretários, quando Ana de Mendoza, pedindo licença, adentrou e assentou-se num confortável canapé. Blasonando fisionomia circunspecta, pretendeu mostrar que aguardaria para tratar assunto sério e urgente.

Temperamento voluntarioso e altivo, a princesa d'Éboli era demasiadamente segura de seus dotes atrativos... Caprichosamente vestida e perfumada, jamais se engalanou tanto para colocar em prática um estratagema, dos muitos que já havia articulado. Depois de despachar seus secretários, sem prestar demasiada atenção na soberba jovem mulher, Felipe interessou-se.

– Muito bem, madame Ana de Mendoza, estou ao seu inteiro dispor, desde que não pretendais vos alongar em demasia... – percebendo a fisionomia da bela cortesã contristar-se e para não enfrentar as costumeiras coerções apaixonadas, acompanhadas invariavelmente de lágrimas e grande teatralidade, intentou retirar a tensão do ambiente:

– Antes de mais nada, devo dizer que estais radiante! Parece-me que sois vós quem possuís algo a comemorar. Estou errado?! – deste modo inquirindo, de forma bastante capciosa e previdente, o monarca tentou retirar a tensão da atmosfera, porquanto, há muito era conhecedor das intenções escusas da esposa de seu fiel ministro, procurando também valer-se da ocasião para notificar-lhe algo.

– Vossa ventura é a minha ventura, caro Felipe! Não vos inspiro confiança ao mencionar isto? Crede-me, faz tempo que abdiquei da insana busca por vosso amor...

– Não me perece muito verdadeira tal afirmação, dona Ana de Mendoza – replicou o monarca cerimonioso e explicitando maior distância do que nunca.

– Ora, vejo que estais, de fato, deslumbrado com a menina francesa. Jamais percebi tamanha frieza em vosso timbre, que foi bem mais afetuoso em tempos passados.

– Sois vós quem sempre confundistes todas as coisas, cara Ana...

– Como assim? E todas as joias, as terras, os títulos morgados; a vila ducal de Pastraña,[50] que com amabilidade já negociáveis com os irmãos Gastón, antes de vossa aliança... Com que intenção desejáveis presenteá-la a mim? E o projeto da reconstrução do antigo mosteiro nessa comarca, em minha honra?

– Na realidade ainda desejo adquirir a vila de Pastraña em honra ao matrimônio de meu estimado ministro e pessoal amigo, dom Ruy Gómez, vosso esposo. Pelo mesmo motivo concedi-vos títulos e abonos.

"Para demonstrar que continuo a fazê-lo, sem desejar cometer a indelicadeza de sobrepor-me ao vosso assunto, desejo vos notificar que fostes reputada com o título de secretária da nova senhora de Espanha."

Trincando os dentes numa fúria íntima mal-contida, percebeu malogrado o seu intento, antes mesmo de se pronunciar.

– Sem contestar as deliberações que procedem de vossa alteza, acato a ordenança. Quanto ao meu assunto, ele pode esperar, pois compreendo a vossa ansiedade por vos retirar.

– Pois que seja conforme a vossa vontade! Agora, se me dais licença, preciso atender a outros compromissos.

A jovem estava descontrolada. Felipe apenas molhara os lábios no vinho da cigana Ausónia, como se acautelado por forças sobrenaturais; depois, parecia completamente mudado, quando em outros tempos fora bem mais cordato.

Ana, agora sozinha no amplo gabinete, arrancou com violência do punho um soberbo bracelete de ouro, cravejado de pedras preciosas, e lançou-o através de uma grande vidraça. A joia fora presente do monarca por seu casamento e adereço de muita estima, apesar disso, não conteve a violência e as profusas lágrimas de rancor.

Nesse ínterim, a incauta Ana não percebeu que, cautelosamente escondido, o filho mais velho de Felipe vigiava os seus mais singu-

[50] Vila ducal em Guadalajara, Espanha.

lares movimentos e inopinadamente capturou toda conversa entre a princesa d'Éboli e seu genitor.

Tratava-se do jovem de quinze anos, Carlos, filho da primeira esposa de Felipe, a portuguesa dona Maria Manuela. Surgindo ante os olhos da jovem transtornada e em lágrimas convulsivas, logo se expressou:

– Vejo que meu pai coleciona antipatias, madame Ana! – a dama, buscando recompor-se, não se atemorizou com a declaração do rapaz, afinal, pensou ela na velocidade de um relâmpago, quem acreditaria nas palavras de um insano, de um demente das faculdades mentais, posto que assim o jovem era julgado em Toledo.

O pobre príncipe estava convalescente na casa real de Toledo, depois de sofrer uma delicada cirurgia por consequência de um traumático acidente de carruagem. Tendo interrompido os seus estudos, permanecia junto ao pai, com o qual possuía grandes diferenças, mesmo porque lhe havia roubado a amada Isabelle, unicamente a ele prometida em matrimônio, desde há muito. Amargava em silêncio o amor frustrado pela menina francesa, mormente depois de conhecê-la em pessoa... Quedava-se irremediavelmente apaixonado por Elizabetta, agora esposa do próprio pai, uma jovem que lhe regulava em idades.

Dom Carlos via naquele encontro inesperado com dona Ana de Mendoza um conveniente ensejo de conjugar forças.

O traumatismo craniano, pelos preconceitos da época, passou a ser considerado impedimento para a sua vida política, incapacitando-o mesmo para um quotidiano normal. Equivocadamente o tutor do primogênito de Felipe, mestre Honorato Juan, norteou as decisões do rei explanando que Carlos estava acometido das faculdades mentais depois do acidente. Para o esculápio a razão era evidente: Felipe e dona Maria Manuela eram primos e ambos netos de dona Joanna de Castilla ou 'Joanna la Loca', como fora conhecida a antepassada em toda Espanha.

– Parece que sim, dom Carlos! O vosso pai tem contrariado alguns ânimos, principalmente os nossos, não é mesmo? – a jovem senhora ao pronunciá-lo sorrira com sagacidade.

– Não hesito em afirmar: como os demais me julgais insano e fragilizado na capacidade de raciocínio. Sei que não tomais com seriedade as minhas palavras, dona Ana, entretanto, estou muito lúcido para compreender que interesses vis fizeram com que meu pai cambiasse as suas intenções, não mais me oferecendo a governança dos Países Baixos.[51]

"O seu desprezo por mim, a quebra da promessa não me concedendo a mão da adorada Elizabetta e a capitulação nas decisões de Estado amarguraram-me sobremodo o coração."

Ana de Mendoza começou a perceber a inteligência e perspicácia do rapaz, que nada parecia possuir de louco. Sabia de seus direitos sucessórios, desse modo, não poderia desprezar a oportunidade tão valiosa de mais uma aliança.

– Enganai-vos, dom Carlos, jamais vos tive em consideração tão desprezível! Ora, como poderia, se eu mesma sofri de moléstia congênita que me ceifou uma das vistas. Muitos me olham com desdém. Já ponderastes, dom Carlos, que, pelo simples fato de ostentarmos uma anomalia física, julgam-nos inabilitados. Portanto, sei muito bem do que falais!...

"Quanto à anulação da outorga de vossos direitos sucessoriais por Felipe, de fato, estais coberto de razão para detestá-lo! Os interesses são muitos nos Países Baixos e, como esposa do confidente de vosso pai e ministro de sua maior credibilidade, asseguro: é verdade! O governo das terras preciosas vos foi arrancado por veemências execrandas! Não posso comprometer-me oferecendo maiores detalhes, mas posso vos incentivar a reconquistar o vosso real direito."

O jovem dom Carlos estava perplexo. Finalmente as suas suspeitas se ratificavam através dos lábios da esposa do ministro dom Ruy Gómez. A admirável Ana, um possível caso amoroso de seu pai, não ousaria mentir em algo tão patético.

Sentindo a face esfoguear e o coração precipitar terrivelmente, como a aproximar-se de uma decisão que selaria definitivamente o seu destino, o rapaz firmou:

---

[51] Atualmente os Países Baixos são constituídos do fragmento da Europa que envolve o reino dos Países Baixos (os Países Baixos, as Antilhas Holandesas e Aruba). O reino dos Países Baixos é uma monarquia constitucional membro da União Europeia à noroeste da Europa. A oeste faz fronteira com o mar do norte, a leste com a Alemanha e ao sul com a Bélgica. Os Países Baixos são frequentemente chamados Holanda do Norte e do Sul. O Tribunal Internacional de Justiça e a Corte Penal Internacional têm suas sedes em Haia, nada obstante Amsterdã é sua capital constitucional, sede do governo. (Nota autorizada pelo autor espiritual.)

– Pois bem, dona Ana de Mendoza, aceito-vos a aliança nesta empreitada. Teremos outras conversas. Percebo que possuímos algo em comum: o matrimônio de nosso monarca afetou-nos a vida drasticamente. Se o amais, esforçai-vos por esquecê-lo, pois eu procurarei com todo empenho retirar a bela Elizabetta de meus pensamentos, inda que com inenarráveis sacrifícios. Sugiro que deveis fazer o mesmo com relação a meu pai.

"Nos lábios de todos os secretários, ministros, cortesãos e criados; de Guadalajara a Toledo, de Madri a Las Salinas, em Valladolid, Aranjuez e Segóvia, bem como em nossa estância de Palma de Mallorca, correm a todos os ventos as notícias do repentino amor do rei por Elizabetta, assim como ela é aclamada como mensageira da paz para nossa nação.

"Sabei, nobre Ana de Mendoza, o amor dele jamais será vosso, como jamais foi de minha finada genitora, pelo menos enquanto a jovem francesa viver."

Ana estava bastante irritada e perturbada com tão seguras e ajuizadas afirmações do rapazote, que a maioria julgava alienado do juízo. Como não lhe reconhecer a razão? Como não acatar as ajuizadas ponderações daquele que jamais fruíra uma ventura familiar? Como desmentir tão confrangedora realidade?

– Não vos posso desmentir, caro rapaz! – e suspirando profunda e ruidosamente, a jovem senhora passou a caminhar nervosamente, de lado para outro, torcendo as mãos, quando ouviu do rapaz:

– Segredo-vos que tenho traçado cautelosamente planos de tomar os Países Baixos. Lá possuo a aliança do barão de Montigny, meu amigo particular e fiel aliado, igualmente, dos condes Egmont e Horne, de dom Luiz de Requesens,[52] assim como do filho do atuante Octavio Farnesio, Alejandro Farnesio.

---

[52] Luis de Requesens nasceu no ano 1528; filho do pajem de Felipe II, dom Juan Zúñiga, e de uma nobre espanhola, trocou seu sobrenome por desejo de seu pai. Ingressou na carreira militar, sucedeu seu pai na ordem de São Tiago, em 1546, e se tornou muito influente no decurso do tempo, o bastante para substituir o poderoso duque d'Alba no governo dos Países Baixos. Foi grande amigo do príncipe Carlos, a quem sempre estimou, conjugando com ele forças nas decisões políticas referentes aos Países Baixos. Morreu em 1576.

"Alejandro,[53] junto a Juan de Áustria, meu tio bastardo reconhecido por meu avô Carlos, como todos sabem, são meus amigos particulares e gradualmente entregam-se à vida militar, já possuindo, por nascimento e titulação, uma autoridade a toda prova."

Ana de Mendoza estava bastante impressionada com a competência para articulação política do jovem príncipe. E, tomando-se de inexplicável coragem, confessou:

– Não vos julgo, meu caro! Todos nós temos as nossas ambições... Se os meios legalísticos ou hereditários não nos são franqueados, temos que consegui-los pelos métodos que possuímos, usando a argúcia e a inteligência nas relações políticas.

"Já que depositastes ao meu conhecimento tão graves declarações, digo-vos que, de igual modo, possuo os meus aliados. Os secretários de vosso pai, Antonio Pérez e Juan de Escobedo, dividem comigo as insatisfações de sermos meras sombras dos vitoriosos.

"Afirmo-vos: temos que encontrar um local onde possamos unir nossas intenções.

A dama, que doravante perdia definitivamente quaisquer esperanças de realizações afetivas, aprontando-se para partir, despediu-se:

– Dom Carlos, mandai um criado de vossa inteira confiança me notificar o dia e local para, juntos aos demais, coligarmos nossas forças.

"Passar bem, dom Carlos! Praza ao Céu a nossa vitória!"

Dando as costas para o satisfeito príncipe, partiu, contristada.

O amor daquela que possuía destacados títulos, duquesa de Mélito e princesa d'Éboli, desaparecia para sempre, dando lugar a um ódio acirrado. A pobre dama assinava com o rancor e a vingança seu próprio decreto de expiação e remorso futuros.

Seriam necessários muitos anos de existência e outros tantos de sofrimentos, para que a voluntariosa e pérfida mulher reconhecesse o grande e nobre companheiro que sempre esteve ao seu lado, amando-a com fidelidade e pureza: dom Ruy Gómez y Silva.

[53] Alejandro Farnesio nasceu em Roma, em 1545, morreu na Espanha, em 1592. Foi filho de Octavio Farnesio e Margarita de Parma, neto do imperador Carlos V e bisneto do sumo pontífice Paulo III. Estudou em Acalá de Henares, Espanha, junto com Juan de Áustria e dom Carlos, príncipe de Espanha. Chegaria a governador dos Países Baixos, bem como Juan de Áustria; desde cedo manifestou inclinação pela vida militar. (Notas autorizadas pelo autor espiritual.)

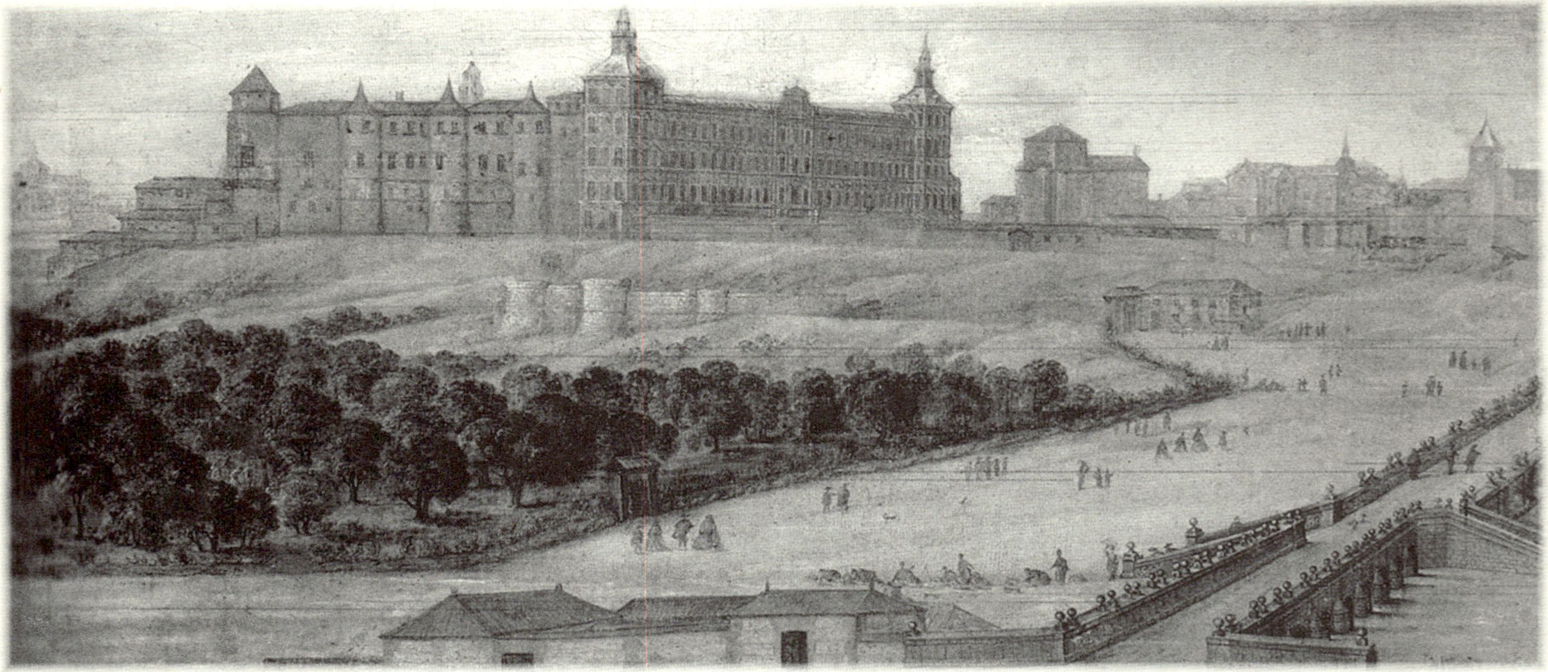

Palácio El Alcazar de Madrid em 1630, em pintura de Félix Castello, Museo Municipal de Madrid

10. Estações Venturosas

> Não obstante, alegrai-vos, não porque os espíritos se vos submetem, e sim porque o vosso nome está arrolado nos céus.
>
> (Jesus, Lucas 10,20)

> Ó Beleza que excedeis todas as belezas! Dor fazeis sem ferir e sem dor as desfazeis em amor por todas as criaturas!
>
> (Teresa d'Ávila)

As tardes amenas do verão do ano 1561 depressa seriam sorvidas no palácio de El Alcázar, em Madri, para o qual Felipe estava em franca transferência da corte espanhola e da família. Elizabetta naquele último ano havia se transformado espantosamente numa soberba jovem mulher, esguia e com ares de maturidade. Desabrochou como botão de rosa matutina depois da orvalhada da madrugada.

Corriam céleres os mexericos na corte espanhola bem como na boca da arraia-miúda[54] que a jovem era a mais bela esposa que Felipe já havia conquistado, além de ser extremamente afável com aristocratas e plebeus.

O herdeiro querido da finada dona Isabel se fazia acompanhar pela francesinha em todos os lugares e acontecimentos, políticos ou sociais; estava vencido por aquela alma cândida que exalava uma docilidade sem igual, nada obstante, que abrigava n'alma a rígida en-

[54] Nome pejorativo com o qual se chamava a gente do povo.

vergadura dos altivos Valois: era, em verdade, bastante determinada e intransigente.

Numa cálida manhã, Elizabetta encontrava-se reunida com suas principais camareiras, dona Maria Messa e dona Teresa Furtado, que depressa se entrosaram com a jovem, de modo a serem as aias de sua ambicionada prole. Acondicionavam os pertences pessoais da jovem dama para a mudança que se operava gradualmente, em meio a incontáveis criados.

Se por um lado Felipe esperou cerca de um ano para efetivar a sua definitiva união com a infanta francesa, naqueles dias não prodigalizava o direito de tê-la consecutivamente em sua câmara particular, jamais abrindo mão de retê-la por companhia nos menores eventos.

Ana de Mendoza não suportava testemunhar tanta devoção proporcionando-a incrementar, dia após dia, a animosidade contra o monarca e a esposa estrangeira. Afinal, sustentava com aleivosia e falsos agrados a função de secretária da recém-casada, mas apreciá-la verdadeiramente era outra coisa... A inveja a consumia.

Convulsionou ao ouvir que as aias de Elizabetta receberiam o excelente abono de cem mil *maravedíes de vellón*[55] por serviços anuais prestados à primeira dama da corte espanhola, bem como a seus futuros filhos.

Nada obstante, a jovem filha da ardilosa Catherine de Médici havia herdado muito da têmpera materna, desde os verdes anos desenvolveu-se entre a competição e a astúcia política, sabia perceber com nitidez os amigos ou inimigos; os afetos ou desafetos. A graciosa Elizabetta, por desejo do querido Felipe, acatava Ana de Mendoza compondo seu séquito, porquanto reconhecia que seu desejo era cercá-la de todas as atenções e mimos. A filha de Henri e Catherine, no entanto, jamais oferecia menor camaradagem à artificiosa princesa d'Éboli, instruindo rigorosamente as damas de companhia a fazerem o mesmo.

Dessa forma, cada gesto, cada pergunta, cada curiosidade da esposa de dom Ruy Gómez eram anotados pelas aias e levados veloz-

---

[55] Daqueles dias em diante, cada vez mais, a moeda espanhola seria valorizada aproximadamente desta forma: cem mil *maravedíes de vellón*, igual a aproximados dezesseis mil e seiscentos e sessenta *piezas* ou *pesos fuertes*, moeda mais valiosa da época, ou oito mil e trezentos e trinta escudos. (Nota autorizada pelo autor espiritual.)

mente à primeira dama de Espanha. Vivia-se um período de grandes urdiduras, contudo, não diferentes dos contextos de outros tempos e nações, em diferentes conjunturas e regimes políticos, nos quais o poder e a ostentação, os privilégios e as traições possuem lugar comum nos corações invigilantes.

– Madame Elizabetta, praza ao céu o herdeiro ao trono espanhol chegue bem rápido para gáudio de nosso rei! – expôs com carinhosa atenção dona Maria Messa, acondicionando as infindáveis peças de vestuário em grandes arcas recobertas por pelos felinos.

– É tudo que desejo, prezada dona Maria! Felipe está ainda na expectativa de um herdeiro varão. Com a recém-extinta madame Mary Tudor nosso monarca não logrou nenhuma descendência e de seu primeiro consórcio, com sua prima Maria Manuela, Deus lhe deu o sonhado filho, dom Carlos, mas o destino infelizmente ceifou do jovem as possibilidades de lúcido raciocínio.

– Que ninguém nos ouça, madame... – falou dona Teresa Furtado, com olhos esbugalhados, enquanto encaminhava-se para fechar a porta da câmara de sua senhorinha –, todavia as línguas ferinas propagam que os clínicos da corte, os melhores de toda Espanha, não diagnosticaram como tão grave a sequela do dramático acidente de caleça... – e num outro sorvo aparatoso e teatral a governanta entre murmúrios prosseguiu: – Afirmam, sem pestanejar, que a causa dos problemas mentais do menino dom Carlos é outro: herdou a famigerada loucura da bisavó, dona Juanna I de Castilla, que foi encerrada pelos próprios familiares no castelo de Tordesillas. Pobre jovem, tão bela, com filhos pequeninos e completamente apaixonada pelo pomposo Felipe de Áustria, filho de Maximiliano I, que tanto se orgulhava de ser chamado de Felipe, El Hermoso...[56] Mesmo morto, a pobre dona Juanna não lhe largou o féretro... Conta-se que, na ocasião do decesso do esposo, recrudesceram seus males mentais.

– É preciso salientar que estas são as notas que chegaram até nossos dias, mas quem poderá conhecer a completa verdade? De fato, Felipe contou-me que, depois da morte do avô, a sua avó, dona Juanna de Castilla, jamais tirou o luto, resistindo até mesmo aos mais simples atos de higiene pessoal, tão sem sentido a existência se lhe

[56] Felipe, o Belo.

tornou. Quando lograram lhe arrancar o ataúde dos braços, do qual teimava em não se apartar, passou a perambular pelas ruas na busca do esposo... Contudo, são conhecidos os rigores educacionais impostos pelos monarcas dom Fernão de Aragón e dona Isabel de Castilla à mente frágil da delicada criança; quem sabe ela não suportou tamanhas exigências?! Em verdade, penso que estamos muito distantes de compreender o que seja genuinamente uma moléstia mental. Percebo que muita desinteligência ainda existe a esse respeito, mas o tempo há de esclarecer todas as coisas... – ponderou a jovem Elizabetta, bastante pensativa, deixando as ideias voarem distantes.

– No entanto, senhorinha, nós outras, que aqui sempre vivemos em Espanha, por toda a existência colhemos diversos apontamentos que se repetem de boca em boca; um deles é que o filho de Maximiliano I e dona Maria de Borgonha era bastante pérfido e manteve-se invariavelmente ausente. Muito a pobre menina sofreu por amor, é o que todos dizem... Além do mais, quando do passamento de dom Felipe pelos idos do ano 1506, ela não suportou a dor e aos poucos vinte e seis anos de idade quedou-se irremediavelmente deprimida... – acrescentou dona Maria Messa, sem interromper a arrumação das bagagens para o translado de residência, no entanto, com um olho no seu afazer e o outro na porta do quarto.

– Não apraz a Felipe a menção de tais capítulos das vidas de seus familiares, mormente depois do acidente de seu primogênito. Entretanto, interesso-me pelos informes da descendência espanhola, pois meus filhos herdarão a mesma linhagem.

– Sem dúvida, madame, no entanto, se me permitis requerer, esquecei tais assuntos, pois em nada eles vos acrescerão. Asseguro-me de que nenhum filho vosso terminará os dias encarcerado num claustro qual o de Tordesillas, onde a avó de nosso monarca esteve até a morte. Estas lembranças não vos farão nenhum bem! – completou a governanta, atenta a todos os movimentos.

– Muitas vezes quedo-me a pensar, dona Maria Messa, em eventos tão corriqueiros desde o início deste século, quais os fenômenos vividos pelas chamadas *ilusas del demonio*, que, quando apresentam-se em beatos de nossa igreja são chamados de milagres! Disseram-me que elas levitam, têm visões, transportam-se para lugares diferentes e predizem o futuro, no entanto, todas são fadadas a um só destino: a fogueira inquisitorial ou à eiva de loucas sem remissão!

"Ontem confabulei longamente com Felipe a esse respeito e ele inteirou-me dos consecutivos processos em Espanha, desde o século passado, sob a dura direção do inquisidor-mor, frei Tomas de Torquemada. Acrescentou-me o esposo que as ordens sempre vieram da clerezia papal, tendo os reis permanecido de mãos atadas. Em muitas circunstâncias solicitados a socorrer nobres enredados nos processos, contudo, sem o poder...

"Felipe confidenciou-me que viu padecer muitos amigos e aristocratas em tais condenações públicas, bastante consternado, malgrado o grande inquisidor ter sido bem próximo de seus bisavós.

"O mesmo ocorre quanto ao acossamento aos judeus, numa insana mortandade que em tudo contraria o "amarás o Senhor vosso Deus de todo o vosso coração... e amarás o vosso próximo como a vós mesmo",[57] enunciado por Jesus Cristo... Sermos afeiçoados aos bens da igreja não significa que tenhamos que concordar com essas barbáries!"

– Sem duvida, madame, pois não era o prior Torquemada um judeu, ele próprio?! – garantiu dona Teresa Furtado, terminando de acondicionar chapéus e sapatos em grandes caixas para entregá-las em seguida aos criados, que dispunham os pertences pessoais da jovem Elizabetta em transportes especiais.

Levando-se de uma confortável poltrona de braços roliços, a filha de Catherine de Médici dirigiu-se à janela para observar a enorme movimentação que envolvia a mudança de um portentoso domicílio, qual o de seu cônjuge. Debruçou-se no beiral da janela e, cerrando ligeiramente os olhos, deixou-se beijar pelas filigranas solares, imensamente agradáveis naquela estação, enquanto arrematava a confabulação:

– O fato é que as disposições políticas e religiosas, ao longo dos tempos, têm correspondido às veemências exclusivistas dos líderes argutos e ambiciosos! Como estes tais existiram ontem, hoje igualmente os há, em nossa igreja!

---

[57] *Jesus - Lucas, 10:27*

Numa parte distinta da casa palaciana, enquanto os preparativos para a mudança para Madri corriam rápido, os secretários, Juan de Escobedo e Antonio Pérez, entravam em secreto entrosamento.

– Atentai, Juan, nossa coligada Ana de Mendoza informou-me que os entendimentos com dom Carlos têm sido frequentes a favor de uma sublevação nos Países Baixos. Graças a essa espontânea confissão do rapaz, que me parece definitivamente desgovernado das ideias, sabemos os nomes daqueles que nas distantes terras coligam-se ao nosso ideal.

– Pretextarei, Antonio, uma urgente viagem para fazer contato com aqueles apontados pelo jovem. Sinto que conseguiremos a insurreição naquelas terras e a tomaremos sob nosso domínio. Tudo conspira para tal desfecho. Presentemente, a aderência do filho do monarca é tudo que precisávamos – confessou Juan de Escobedo, dilacerado pela cupidez.

– Sim, parti e conjugai ideias com os militares insubordinados, de modo a fortalecer nossa aliança. Continuarei em Madri trabalhando em benefício de nosso intento, afinal, tanto poder e empáfia, tanto ouro e prestígio deixou nosso monarca insensível aos nossos encargos. Já poderíamos ter auferido postos mais destacados em lugar de ficarmos à mercê do poderoso dom Ruy Gómez, como seus meros lacaios – externou Antonio Pérez, não contendo a ambição e a inveja que lhe corroíam a alma.

– O mais importante é que constantemente fostes secretário de grande influência sobre o monarca, que sempre lhe aderiu aos conselhos. Continue valendo-se dessa confiança... Nosso grande opositor, o desprezível duque d'Alba, sempre se entendeu como empeço para os nossos ideais de mudanças na estrutura do poder.

"Quem sabe em breve tempo um de nós dois não ostentará a liderança na oposição ao absoluto poder do rei?" – divagou Juan de Escobedo, deixando no ar uma intrigante e leve rivalidade...

A verdade era que ambos, incognitamente, disputavam entre si esta primazia. Lutavam pelas causas que acreditavam, mas sucumbiriam às convenientes pretensões licenciosas... Enamoravam-se da mesma mulher, Ana de Mendoza, ambos o sabiam e faziam silêncio a respeito; disputavam os mesmos êxitos políticos, no entanto dissimulavam as mútuas intenções vis.

Sordidamente os dois se utilizavam da leviandade da esposa de dom Ruy Gómez, o incorruptível grão-mestre do palácio e ministro das finanças de Espanha, para que, valendo-se de suas trivialidades quanto aos sagrados valores da sexualidade e do coração, retirassem dela os informes que desejavam, ao mesmo tempo, conhecendo da princesa suas íntimas ambições escusas.

O número dos traidores que cercavam Felipe II crescia, gradualmente; este, porém, inconsciente destes fatos e vivendo uma das estações mais plenas de sua vida, sugeria, pelo alo da própria ventura, estar acastelado de todo mal.

Malgrado Escobedo possuir dez anos a mais que Antonio Pérez, este, aos vinte e um, era muito mais insidioso e politicamente sagaz, visto ser filho de um respeitável político da corte espanhola, Gonzalo Pérez. Convivera por toda a sua vida com as maquinações político-administrativas.

A manhã já ia alta quando Antonio Pérez e Juan de Escobedo seguiram para diligenciarem os seus interesses. Enquanto isso, na distante ala do palácio onde se encontrava Elizabetta, secundada de suas damas de companhia, duas inesperadas e consecutivas visitas as surpreenderiam.

Mandando um criado avisar de sua presença na antecâmara de Elizabetta, dom Carlos aguardava-a ansioso, com o coração aos saltos e as mãos gélidas.

Sabia da ausência do genitor, ouviu comentários que ele empreendera viagem ao paço de El Alcázar de Madri, no qual muitos haveres, documentos, peças de arte de seu gosto particular e pertences pessoais chegavam, pouco e pouco. Tencionava supervisionar os acontecimentos.

A infanta francesa, bastante assustada, requereu a uma aia avisar ao filho de Felipe que em breve o atenderia, entretanto sentira o próprio peito bastante oprimido. Elizabetta estava temerosa de uma inesperada confissão apaixonada, pois os insistentes olhares de Carlos, desde seu aporte em Toledo, denunciavam claramente os seus incontidos sentimentos.

Em completo alvoroço, suspirou profundamente e deliberou atendê-lo, pois se não o fizesse naquela hora o jovem improvisaria outra ocasião.

Elizabetta despontou algo embaraçada aos olhos do rapazote, completamente rendido pelos encantos da jovem esposa de seu pai. Convidou-a para um passeio pelos jardins do palácio, em decorrência da franca movimentação nos corredores com o deslocamento de parte do mobiliário, de grandes arcas, telas e esculturas, especialmente apreciadas por Felipe.

– Partamos para os jardins. Lá poderemos conversar mais reservadamente, cara Elizabetta.

– Prezado dom Carlos, nada existe que não possamos conversar aqui mesmo na antecâmara. Por outra, temos incontáveis salões vazios e ao lado possuo a minha sala de recepção.

Mostrando certo dissabor, o rapaz anuiu, transparecendo que não desejava perder aquela oportunidade preciosa ao seu coração.

Tomando a mão da jovem, conduziu-a até o cômodo particular mencionado, forrado de magníficos e espessos tapetes estrangeiros e lindas peças de arte. Assentaram-se confortavelmente num amplo sofá e, antes que a menina ajuizasse dos acontecimentos, Carlos agarrou-lhe as mãos frias, confessando:

– Elizabetta, minha adorada, dizei-me que vos consorciastes a meu pai sem amor e que ainda sustentais os anseios afetivos expostos em nossas cartas de amor!

Em pânico, a moça tentou retirar as mãos, mas, em vão.

– Dom Carlos, devo reconhecer que acalentei esperanças de um amor sincero, quando nossos reinos decidiram por nossa aliança. Afinal, o que esperar de uma criança de onze anos de idade com a mente repleta de fantasias? Quando meus pais insistiram pelas cartas de aproximação, procurei ser o mais gentil possível, pois essas são as instruções que recebemos para não contrariar os interesses maiores de nossas nações.

– Porventura dizeis-me que jamais confessastes um amor sincero em vossas missivas perfumadas e cheias de carinho? Estou louco? Acaso imaginais quantas noites atravessei insone ao receber a informação de que seríeis entregue ao meu pai em matrimônio, não mais a mim?...

"Por acaso ajuizais quão odienta tal decisão foi para o meu coração?! E como imaginava, dias e dias, se não teria sido igualmente abominável ao vosso coração?"

Elizabetta, fazendo um repentino silêncio, ainda com as mãos seguras entre as palmas do jovem, procurava concatenar nas dificuldades de sua existência: a perda da mãe, o malfadado acidente, a pecha de louco, o amor frustrado, o desprestígio político... Diante daqueles grandes desafios e sofrimentos, a adolescente francesa procurou usar de toda condescendência possível.

– Não, Carlos, nada foi fruto de vossa imaginação. De fato, prometi-vos uma afeição que não vos pude oferecer, por conta das mudanças de planos de nossos líderes.

– Deixa-se de amar de hora para outra? Como pode isso?

– Tais emoções ou fantasias éramos nós que as compreendíamos como amor, prezado Carlos! Como regulamos em idades, o que entendíamos, crianças de pouco mais de dez anos, do amor verdadeiro?

– Ora, Elizabetta, o que entendeis hoje, aos pouco mais de quinze anos?

– Muito mais do que antes! Mesmo porque o amor brota inopinadamente, intenso e determinado, sem nos prevenir, sem nos perguntar, sem desejar conhecer nossas preferências...

Assim confessando, Elizabetta deixou transparecer um brilho vivo no olhar, que não passou despercebido ao jovem filho de dona Maria Manuela.

– Ora, ora, Elizabetta, que alma volúvel sois! Percebo que desejais confessar-me a vossa paixão por meu pai?

– Estimado Carlos, ainda vos voto o mesmo carinho e respeito. Digo-vos que parti de Paris para Espanha de alma dilacerada com todos os meus sonhos de realização afetiva despedaçados ao chão... Desde o consórcio em França, quando o duque d'Alba recebeu-me em nome de vosso pai, minha vida parecia extinguir-se para sempre...

– Sim, continuai!

– No entanto... – a menina estacou o verbo e soltou um sorvo do peito abafado. Sabia o quanto consternaria o jovem, já tão ferido pela vida, o que estava prestes a declarar, mas era preciso retirá-lo definitivamente de quaisquer ilusões –... tudo ocorreu completamente diferente do que imaginei.

O rapazote de face muito alva e abatida, de olhos arregalados, não conseguia acreditar...

– O que quereis me dizer?... Que amais a meu pai verdadeiramente?... Não é somente ele que se prostra definitivamente vencido por vosso frescor e graça, como imaginei?... Também vós o amais, Elizabetta?

A filha de Catherine sabia que deveria ser resoluta, afinal, amou a Felipe desde o primeiro olhar, aliás, antes mesmo de pousar nele os olhos, a simples proximidade de Guadalajara fez estremecer seu coração, naquele mês de fevereiro de um ano atrás, prenunciando que algo completamente inusitado aconteceria.

– Acredite, ou não, amo-o com todo ardor de minha alma! O que mais valida essa afeição é que não foi um sentimento premeditado, ansiosamente cultivado. A despeito de programado politicamente, foi real, como por determinação de Deus!

Carlos estava perplexo sem saber o que dizer.

– Não acredito em vossas afirmações! Dizeis isso para conformar uma situação irremediável, somente porque agora não temos alternativa, não é mesmo?

– Infelizmente, não posso concordar...

– Elizabetta, amo-vos com paixão. Como pudestes cometer tão pérfido ato?... Beijo as vossas cartas todos os dias... Como pudestes?...

– Perdoai-me, Carlos, por favor. Jamais desejei feri-lo!

– O que me resta sem o vosso amor? Meu pai destituiu-me da governança dos Países Baixos e de quaisquer diretos sucessoriais, todos escarnecem de meu estado julgando-me louco... O que me sobra desta vida?...

Com as lágrimas rolando em profusão pela face alva e juvenil, o rapazinho lançou-se em soluços ao regaço da esposa de seu pai. Elizabetta deixava pingar duas contas cristalinas do mais puro afeto e compaixão por aquela alma em expiação tão dramática, no verdor das quinze primaveras.

Como uma irmã carinhosa e diligente, acarinhou-lhe os caracóis da cabeça e suplicou:

– Sois membro de uma possante estirpe, de exímios líderes e governantes. Não vos deixeis abater por um sentimento que exaltais, e que talvez não tenha a proporção que ofereceis a ele... Vamos, reagi!

– Não consigo, Elizabetta, amo-vos, amo-vos! Prefiro a morte sem o vosso amor.

Daquele momento em diante, um vulto aproximou-se e, estendido atrás dos portais do salão, procurava acompanhar a secreta confabulação.

– Vamos, levantai, erguei a cabeça para a continuidade de vossos investimentos políticos! Asseguro-me de que o nosso rei abonar-vos-á com outorgas e lideranças com as quais podereis mostrar o vosso valor... Além disso, prometo-vos minha eterna amizade, minha mão e meu ombro amigo, sempre disponíveis para as vossas confidências nos momentos mais difíceis; contudo, somente isso.

– Ó minha querida, muito mais do que vossa amizade, desejo-vos para mim. Como viver?... Como viver?...

O misterioso perfil atrás da porta, aterrado com a veemência apaixonada do rapaz, fez um proposital ruído para mostrar que adentrava ao cômodo...

Era Felipe, em pessoa, de retorno de seu breve afastamento.

– Estou interrompendo alguma coisa? – perguntou bastante nervoso, mormente depois de lobrigar a cabeça do filho descansada no colo da esposa amada.

Dom Carlos assombrado, tanto quanto o pai, num sobressalto buscou se recompor:

– Não, meu pai, não interrompeis nada! Na verdade eu já estava de saída!

O monarca, num alvoroço íntimo, como jamais se entregou anteriormente por nenhuma mulher, acusou com aspereza:

– O que fazíeis com o menino aqui às escondidas?

Elizabetta levantou-se e com uma serenidade espantosa, talvez porque imbuída das melhores intenções fraternais para com o rapaz, apenas replicou:

– Meu Senhor, esclareço que não estava às escondidas, visto que a porta estava aberta e minhas aias de prontidão no corredor, como as determinei.

"É preciso ajuizar dos sentimentos humanos, Felipe! Sempre percebi a vossa distância de vosso filho, desde que cheguei em Espanha. Acaso não imaginais que ele nutria sinceros sentimentos pelo prometido consórcio há anos passados?"

– Ora, vejo que o rapazote veio confidenciar a incontida paixão?

Tomada de uma energia diferente, própria da estirpe dos Valois--Angoulême, a jovem altercou:

– O que há de tão desprezível em amar, Felipe? Dizei isso porque talvez jamais amastes de verdade! Ademais, por acaso desconsiderais minha lisura para convosco?

O monarca, na madureza das experiências, nunca se percebera em tão constrangedora situação, escravo de um ciúme tão pueril e sem conseguir dele se liberar.

– Como podeis dizer que nunca amei? O quanto acreditais me conhecer, tola criança?

Elizabetta, deixando gotejar algumas lágrimas de desgosto pela esplêndida face, baixou a fronte decepcionada e entristecida. Felipe, prontamente, macerado pelo arrependimento e sem conseguir admitir o próprio despeito emotivo, aproximou-se da esposa, acariciando-lhe as negras madeixas e beijando-lhe a testa.

– Perdoai-me, minha querida! Amo-vos infinitamente! Se desejardes saber, confesso: convosco conheci o verdadeiro amor, que será o único em minha vida. Esse inesperado sentimento fez-me quedar do alto de meu comando sobre esta poderosa nação e vergar--me aos vossos pés, transformando-me num vosso vassalo. Modifiquei-me em adolescente que disputa o vosso amor e teme a perda do ser amado, a cada dia, em face de insignificantes acontecimentos. Sois minha, somente minha, desejo vos oferecer todas as dádivas do céu e da terra.

A jovem, num suspiro pacificado, abraçou-se fortemente ao ser amado, cobrindo-lhe de beijos e carícias ternas.

– Meu querido, declarava a Carlos o meu grande amor por vós, completava afirmando que os ajustes afetivos frustrados no passado, lá ficaram... Afirmei, precioso Felipe, não poder corresponder-lhe a afeição cristalizada na alma frágil. No entanto, a minha mão amiga eu não pude negar... Ele padeceu várias perdas, devemos compreendê-lo...

– Estamos entendidos! Agora troquemos o assunto. Nos próximos dias iremos até San Lorenzo de El Escorial para acompanhar as obras de nossa moradia eterna. Desejo vos mostrar todas as minhas concepções. Jamais adivinhareis o que arquiteto para essa nossa residência, onde viveremos o resto de nossos dias, lá morremos e seremos sepultados.

– Estou ansiosa. Disseram-me que o altiplano exibe uma natureza exuberante. Quando partiremos?

– O mais breve possível. Depois seguiremos direto para Madri. Quem sabe, nessa viagem de recreio e de venturoso projeto para o nosso futuro, Deus nos concede um herdeiro?

– Queira Deus, meu querido!

– No entanto, desejo vos pedir algo.

– Dizei!

– Proíbo-vos qualquer aproximação de Carlos!

– Felipe, querido, transmutais da extrema meiguice e sensibilidade para uma tão dura postura de coração?!... Carlos é vosso filho!

– Como explicar os sentimentos humanos? Possuo por vós quase uma loucura, ninguém assomado de intenções duvidosas, mesmo para simplesmente admirar-vos a beleza, é autorizado a aproximar-se de vós.

– Seja conforme o vosso desejo, meu senhor! – acatou Elizabetta com languidez e penalizada do rapazote, a quem prometera amizade.

Em realidade Felipe jamais acalentou legítima afeição por seu primogênito, tal emulação cresceu drasticamente depois de seu consórcio com a filha dos governantes franceses. O motivo de tão drástica rivalidade, entre pai e filho, estava resguardada num passado secular e no segredo de Deus.

O casal viveria naquele período estações desmesuradamente venturosas consolidando um amor tão intenso que parecia encomendado pelos Arcanjos Celestiais. Percorreram várias estâncias e propriedades de Felipe, entretanto, a sonhada concepção de um herdeiro para a Espanha, ainda demoraria.

Enquanto isso, à distância, apaixonado e infeliz, o pobre rapaz tentaria de mil maneiras se aproximar de sua idolatrada, propiciando as mais diferentes maneiras de fazê-lo. Cartas, flores, bilhetes apaixonados, mimos, o que ela com delicadeza mostrava ao esposo, entretanto, bastante temerosa de uma severa retaliação de Felipe ao jovem, do qual se apiedava imensamente, considerando-o vítima do destino...

Certa feita, dom Carlos invadiu os aposentos da jovem dama e lançou-se ávido e sofrido aos seus abraços...

Felipe, em cabal desesperação, acusando-o de louco irrecuperável, tão louco quanto estava ele de ciúmes, numa bizarra situação somente compreendida pela lógica das muitas vidas sobre a terra, exilou-o de Madri.

Dom Carlos, infante de Espanha, passou a viver segregado no monastério de Yuste, no município de Plasencia, local imensamente apreciado por seu avô Carlos V, quando de seus longos retiros.

As notícias de Plasencia eram sempre pessimistas: Carlos abandonara a vida, não se alimentava, não se banhava; prostrado com os olhos vidrados, parecia ausente do mundo objetivo...

Os serviçais, os criados, a gente do povo e das circunvizinhanças, alcunharam-no de 'o louco por amor'.

11. Monja Teresa Sánchez Cepeda y Ahumada[58]

Pois creio que ele veio a se afastar de vós temporariamente, a fim de que o recebais para sempre.
(Paulo, Filemom 15).

Se não buscardes as virtudes e não as praticardes, permanecereis para sempre anãs.
(Teresa d'Ávila)

O século XVI, desde o seu início, alardeava mudanças iminentes no seio das sociedades espanholas. O ciclo do ouro espanhol também ficaria marcado pela sucessão dos ignominiosos processos dos tribunais da santa Inquisição. Ademais, desde os seus alvores, enxameava-se pelo solo do recém-integrado reino de Castilla e Aragón *as ilusas del demonio*.[59] Em face da segregação, usualmente, por delação, duas

[58] Nasceu em Ávila, Espanha, a 28 de março de 1515 às cinco e meia da manhã, ao nascer de uma quarta-feira. Terceira filha de Alonso Sánchez de Cepeda e Beatriz d'Ávila y Ahumada, outros seis irmãos ainda nasceriam, mas é seu padrinho Francisco Álvarez de Cepeda, que teria grande influência em sua vida religiosa. Morreu em Alba de Tormes a 4 de outubro de 1582. Com a reforma do calendário, julga-se que a data correta foi dia 15 de outubro. Fundou quinze mosteiros carmelitas pela Espanha e instituiu a Congregação das Carmelitas Descalças.

[59] 'As iludidas pelo demônio', nome pejorativo dado a muitas médiuns que viveram nesse período. (Nota autorizada pelo autor espiritual.)

opções restavam às ilusas, pois, geralmente mulheres: a confissão, consequentemente a prisão, ou a negação, portanto, a fogueira. Caso a confissão resistisse às torturas e os inquisidores não lograssem ouvir a tão esperada afirmação, "abjuro", a pira ardente era o destino certo para o individuo possuidor de quaisquer características sensitivas paranormais.

Por outro lado, caso o réu abjurasse às próprias crenças e convicções religiosas contrárias aos dogmas da Igreja, a tacha de louco era-lhe impetrada; destarte, o cidadão ou cidadã, nocivo à sociedade por sua loucura, nunca mais poderia viver às soltas, sendo condenado à prisão perpétua. Ou seja, do Tribunal da Santa Inquisição ninguém conseguia escapar, e os interesses vis e inconfessáveis muitas vezes motivaram prisões e assassínios, baseados em fatos mentirosos, simplesmente para a apropriação de bens do condenado, de forma censurável e criminosa.

Valladolid e Sevilla, Toledo e Segóvia tiveram as suas bruxas levadas ao cadafalso ou queimadas em praça pública, sob as vistas das autoridades constituídas...

O Tribunal do Santo Ofício lavraria processos que se tornariam célebres na historia de Espanha; onde existisse a deflagração de um vidente ou adivinho, de um exaltado ou iluminado, um profeta ou místico, estava a mão cruel dos representantes da 'pureza da Igreja' contra a heresia... O findar do século XV foi tisnado pela barbárie do dominicano Tomás de Torquemada, sobrinho do cardeal Juan de Torquemada, imbuindo a sua caça ensandecida aos ímpios de uma aura de verdadeira missão.

Computa-se o montante de mais de duas mil almas trucidadas pela impiedade do monge nascido em Valladolid e morto em Ávila, no ano 1498, onde sempre viveu. Os *marranos*, mouros conversos; e os *mouriscos*, judeus convertidos; os quiromantes e adivinhos, não importando de que procedência, vindos do vulgacho ou da classe argentária, tinham o mesmo destino, juntavam-se à quantia dos que padeceram sob a crueldade daquele que passaria à posteridade conhecido por: Torquemada, *el terrible*.

Posteriormente à extinção deste prior do monastério de Santa Cruz, em Segóvia, que também foi amigo pessoal e confessor de Isabel de Castilla e Fernão de Aragón, já corria com grande autoridade eclesiástica a *Cartilha dos inquisidores*, composta no final do século XV e cuja principal disposição era instruir os inquisidores nos processos de julgamentos. Nela estava inscrito com todas as letras:

> A finalidade primeira do processo é a condenação à morte; a intenção da Igreja não é salvar almas, mas promover o bem e a limpeza pública, atemorizar os incautos e renitentes, mostrando-lhes o destino dos acusados ao proclamarmos e executarmos as sentenças em público.

Assim sendo, nos crimes de heresia, bruxaria, bigamia, agiotagem, apostasia e blasfêmia, o grupo dos oito inquisidores, destacados pelo pontífice Sixto IV,[60] detinha o poder de empreender hediondas torturas para obter evidências, caso o implicado se recusasse a confessar. Torquemada foi reconhecido por sua intransigência religiosa e truculência; expulsou mais de cento e setenta mil judeus de Espanha, malgrado fosse também de ascendência judia. Seu nome tornou-se o grande marco do aterrorizante tribunal inquisitorial, chegando mesmo a ofuscar o poder real.

Nos anos 1511, duas religiosas franciscanas dos lados de Piedrahita, consideradas santas por seus poderes e estados extáticos, nos quais admitiam falar com Deus, juntas a uma outra monja de Sevilla, que também exercia grande influência sobre o povo, dizendo-

[60] O papa Sixto IV nasceu Francesco della Rovere, de família muito humilde da cidade de Albisola, Savona, na Ligúria, a 21 de julho de 1414, tendo morrido a 12 de agosto de 1484. O papa foi um dos principais artífices do renascimento, tendo levado a Roma uma equipe de respeitáveis mestres da pintura para trabalharem na capela Sixtina. Pertenceu à ordem franciscana, da qual foi ministro-geral. Era bastante erudito e, como muitos outros sumos pontífices, intentou aumentar os estados Papais; em empreitadas fracassadas, tentou extinguir Lorenzo, o Magnífico, e seu irmão, na conhecida Rebelião dos Pazzi, Florença. Sixto IV foi o fomentador da inquisição espanhola, formulando para ela uma bula. Solicitou a Regiomontanus a reforma do calendário juliano. (Nota autorizada pelo autor espiritual.)

se intercessora dos poderes dos espíritos, foram acossadas pelo rígido tribunal inquisitorial, com a pecha de bruxas ou *ilusas del demonio...*

Igualmente ostentou no cadafalso de Toledo, no mês de julho de 1529, a monja Isabel de la Cruz, pertencente à ordem Terceira de Guadalajara. Depois de barbaramente chicoteada sob os olhos extáticos dos toledanos, foi condenada à morte, em perseguições que perdurariam mais de três séculos... A religiosa era bastante conhecida em Castilla por suas visões e transportes.

Desse modo, no extinguir do ano 1561, uma destas religiosas, possuidora de dons extraordinários, entra na cidade de Toledo, em visitação a uma residência amiga. Era notável por suas incansáveis buscas de união com o Criador, numa vida eclesiástica prenhe de pobreza e submissão à vontade dos Céus, além de possuir as distinções da 'santidade' – acorde às ressalvas de uma época votada aos 'milagres', aos 'prodígios extranormais' –, levitação e bilocação, materialização e cura. Tratava-se de uma monja da ordem do Carmelo, que igualmente possuía aqueles seus segredos com Deus e uma vivência espiritual pujante, casta e bela. Tratava-se de Teresa Sánchez Cepeda y Ahumada, de aristocrática família de Ávila, que sentiu o clamor para uma vida beatificada ainda na infância. Certamente por ser alma eleita do Alto, a sordidez humana ainda não a havia conseguido denunciar aos inquisidores, que esperavam as 'misteriosas' com seus lenhos em chamas.

A madre estava impressionada com a movimentação de uma grande cidade qual Toledo, sede do governo e centro de portentoso comércio, coberta pela aspereza de um inverno carregado pela nevasca.

Aos quarenta e seis anos, a religiosa de formosíssima face já havia sorvido todo o tipo de experimentos em sua afanosa existência, portanto; refizera conceitos, serenara o íntimo e purificara sensivelmente a própria visão da vida espiritual, em um período em que as classes nobres assenhoreavam-se dos monastérios e abadias, mesclando aos cultos sagrados as intenções torpes do mundo.

Caminhava na direção da casa Morgada[61] do duque de Medinaceli, acorrendo ao pedido desesperado da viúva de dom Arias Pardo de Saavedra, dona Luisa y la Cerda.

[61] Proprietário ou detentor de títulos e bens nobres que podia abrigar sob a sua

Contudo, os desígnios de Deus sempre dirigem os de boa-vontade e, embora cansada e absorvida em outras atividades, a religiosa viu-se no dever de atender à súplica da destacada nobreza de Toledo.

Venceu a inclemência da friagem, os rigores da nevasca invernosa e dos ventos na penosa viagem de carroça, todavia, sem jamais se lamuriar, nem mesmo em silêncio.

Abordando a suntuosa residência, a nobre monja, cujas virtudes já corriam toda Espanha, estava sendo esperada com grande expectativa.

Ao ser conduzida através dos incontáveis cômodos até a câmara onde se finava a viúva do marechal de Castilla sobre o leito, ladeada pela filha Maria Mendoza, alguns amigos e agregados, a freira vergou-se nos joelhos e beijou a mão da dama com respeito.

– Por Deus, monja Teresa, sou eu quem deve ajoelhar-se e beijar-vos os pés; por favor sentai à orla de meu leito – difundiu a viúva dona Luisa y la Cerda, entre lágrimas e com grande dramaticidade.

– Jesus Cristo esteja convosco e neste lar, cara amiga! Rejubilo-me por vossa confiança nesta hora, difícil solicitando-me os préstimos pequenos, em favor da oração e do reerguimento...

“Em verdade, Jesus Cristo é o legítimo provedor de nosso ânimo e dele jamais devemos nos apartar, distraídos com os chamamentos do mundo.”

O timbre da veneranda carmelita possuía uma explícita firmeza, no entanto bastante amorosa.

– Ó preciosa monja, como prosseguir sem a presença de meu amado esposo? Como seguir afogada nos prazeres do mundo, sem aqueles que mais amamos? De que valem os tantos monopólios passageiros, os tantos bens?...

Teresa Sánchez, fazendo um silêncio judicioso, buscou com serenidade entrar em prece interior, posto que não se iludia com aquela conjuntura que se abria à sua frente.. Outras vezes experimentara-lhe as artimanhas e ardis... “Muitos desejam enganar a Deus”, pensava ela na quietude do espírito experimentado... “Muitos ambicionam o

---

titulação e posses um determinado número de protegidos, ou seja, morgados. Distinções concedidas pelos monarcas, de modo à proteção de outros. A casa Morgada do duque Medinaceli possuía mais de três centenas de protegidos ou morgados. (Nota autorizada pelo autor espiritual,)

claustro sagrado, depois de sorverem uma vida completamente profanada por todos os prazeres da matéria, por todos os deleites da carne, por todas as tentações das paixões, até mesmo as mais inconfessáveis, então se resolvem por uma existência moderada e com Deus. Unicamente na velhice tardia, ante a doença incurável ou arrostados pelas perdas irreparáveis..."

Suspirava de alma enlevada e com os pensamentos percucientes, que sempre desejam aprender mais, quando arrazoou:

– Respeitável dona Luisa, para Deus sempre há tempo! Permiti-me volver a Jesus Cristo uma súplica por nós todos. Exclusivamente clarificados por Ele, teremos uma visão mais segura do amanhã.

– Sem dúvida, cara monja, por esta razão vos conclamei! Já vos chamam a 'santa dos prodígios'.

Num hausto sereno, a religiosa ajoelhou-se ao lado da cama da padecente dama e, de mãos postas, rogou:

– Acorre-nos, Senhor e Mestre, a lembrança da missiva de vosso corajoso soldado, são Paulo, quando intercede ao comerciante de Colosses, Filemom, indulgência por seu servo Onésimo...

"Quantas vezes evadimo-nos de nossos deveres, quantas vezes vilipendiamos os dons divinos, quantas vezes desprezamos a existência, sagrada dádiva que nos destes, Jesus Cristo...

"No entanto, existe o momento de tornar ao vosso redil, ó Pastor Sublime, pela impendência da dor e da solidão, pela extinção das ilusões que nos consumiam...

"Qual crianças arrependidas vos suplicamos: recebei-nos, Senhor, no retorno através das estradas pedregosas para tomar posse dos valores celestiais dos quais somos herdeiros...

"Nessa hora repetimos com o converso de Damasco: 'se antes fomos inúteis, atualmente podemos ser úteis a vós, ao nosso próximo, mas, sobretudo, a nós próprios... Se, antes, algum prejuízo causamos a alguém, computai como nossa única responsabilidade, para que por meio das refregas e das lutas aprendamos, por fim, a reencontrar-vos, Bom Senhor.'"

Havia tão doce inflexão na voz de Teresa que dona Luisa y la Cerda pranteava copiosamente, julgando secretamente: "a monja parece de fato inspirada por Deus".

Elevando-se do solo, a freira carmelita também possuía a face banhada de lágrimas e de suave claridade; enquanto permanecia de pé, testemunhou a nobre da casa de Medinaceli levantar-se da cama num salto e com novos ares.

– Vamos depressa para a sala de jantar tomar um substancioso caldo para diminuir a friúra, depois o merecido descanso! Já estou me sentindo bem mais confiante. Hoje ao entardecer alguns amigos virão ter conosco, pois desde há muito desejam vos conhecer, bondosa monja Teresa.

A filha de Ávila balançou a fronte com simplicidade, sem se deixar se contagiar pelos louvores e excessiva cortesia da senhora; desde há muito havia aprendido a facear as exaltações da terra como tentação para o personalismo destrutivo, insignificantes em face da glorificação em Deus.

No cair da tarde, lá estavam repletando a nobre residência diversos convidados, junto a outros interessados em conhecer a monja carmelita, cujas virtudes atingiram os ouvidos toledanos há mais de dois anos.

Na confluência aristocrática, destacavam-se a altiva dona Ana de Mendoza e dona Maria Enríquez, a duquesa d'Alba, junto a dona Luisa y la Cerda, sua filha, Maria de Mendoza, e a dama de companhia de dona Luisa; a nobre dona Maria de Salazar, dentre outros convidados.

Reunidos num amplo salão de recepções, cercados pelos cuidados de diligentes criados e damas de companhia, depressa, dona Luisa havia esquecido as agruras da viuvez...

A intensa vida social, não raras vezes fútil e enganosa nas cortes poderosas do mundo, traduziu-se por entorpecente a toldar um ajuizamento crítico e elevado do sentido profundo das vidas na terra.

Com tal êxtase os cortesãos se entregavam a ela que, na iminência de perdê-la ou ante qualquer abalo moral, a vida monástica tornava-se indispensável, num contínuo processo de ilusão das próprias consciências...

Nenhum abastado burguês vivia sem possuir o seu próprio mosteiro ou filiar-se a um claustro, como a imprimir santidade às próprias existências.

Teresa Sánchez, na madureza das idades, já havia aprendido muito a esse respeito e, ao fitar o salão repleto de esfuziante alegria, relembrava de suas entrevistas no locutório, com os nobres em visita ao Carmelo da Encarnação, em Ávila. Somente nos anos vindouros à própria juventude conscientizar-se-ia do desperdício de tempo, numa desconsideração dos reais bens divinos, haja vista as conversações serem invariavelmente mundanas e vazias.

Num silêncio enigmático, a religiosa resgatava da preciosa memória uma noite especial em que, ajoelhada à orla do próprio leito para as orações diárias, fitou a imagem de Jesus crucificado e, vertendo lágrimas, lhe perguntou entre murmúrios angustiados:

– Senhor quem vos colocou neste lenho infamatório e cruel?

A resposta veio prontamente aos seus ouvidos de medianeira entre os dois planos da existência, fazendo-a prantear até o amanhecer:

– Foram as vossas conversas no locutório, Teresa; elas me levaram ao poste do sacrifício.

Deixando pingar uma lágrima discreta, a monja, que excursionava por sagrado aprendizado, foi desperta do enlevo.

– Respeitável madre, conforme fomos apresentadas, chamo-me Ana de Mendoza, princesa d'Éboli e duquesa de Mélito, meu esposo é grão-mestre de nosso rei Felipe II, além de seu especial amigo e ministro – externou a soberba duquesa transparecendo altanaria por sua posição.

– Falai-nos de vossos trabalhos no Carmelo da Encarnação! Os apontamentos que nos chegam são de sua grande importância para os cidadãos distintos de Ávila, que muito apreciam as enclausuradas! – interessou-me Ana de Mendoza, que desde há muito conjugava intenções de deter o seu próprio convento.

– Prezada senhora, no convento da Encarnação recebemos o precioso legado dos primeiros ermitães do Carmelo, portanto, fomos abonadas por três séculos de rígidas tradições. Devo confessar que muitas vezes perdemo-nos das ideias mais puras do convívio com Deus e a influência do mundo imiscui-se, bastante sutil, em nossos ideais. Contudo, felicitamo-nos por representarmos um puro anseio para os nobres de Ávila, que nos buscam as orações com frequência. – completou a madre, tentando contornar aquilo que a dama jamais conseguiria compreender.

– É uma lástima a corte estar em plena mudança para o palácio de El Alcázar, de Madri, pois muito gostaria de vos apresentar a nova esposa do monarca e minha amiga particular – externou a duquesa d'Alba com grande simpatia e tocada no fundo da alma, bastante distinta em seus princípios e coração da princesa d'Éboli.

– Seria para mim uma honra, madame! Aliás, conheci dom Felipe nos verdes anos de vida; novamente avistei-me com ele em sua juventude, graças a minha proximidade com seus familiares.

– Ouvimos menções de vossos esforços para o erguimento de um novo convento em Ávila, é isso verdade? – interessou-se Maria de Salazar, a gentil dama de companhia de dona Luisa y la Cerda.

– Certamente, minha cara jovem, estamos conjugando esforços, junto a alguns amigos para multiplicarmos a congregação, pelo grande número de internas. No entanto, não sem muita luta e esforço.

"Na realidade, a conjuntura do Carmelo em Espanha apresenta-se da seguinte maneira: há o nosso mosteiro da Encarnação em Ávila, sete cenóbios em Andaluzia, um em Valência, que, somando-se aos três existentes em Castilla, perfazem onze abadias carmelitas.

"Devo esclarecer, minha cara, que cada mosteiro procede de um grupo distinto de corações idealistas, possuindo os seus religiosos especiais afinidades entre si, o que é muito valioso para esforços. Se a união das servas de Deus no Carmelo da Encarnação começou na condição de um singelo grupo de devotos, atualmente evoluiu bastante tomando um feitio jurídico-religioso respeitável. No passado, alguns freis chegaram, inclusive, a adotar o feitio *sanctimoniales*, princípios da rígida reclusão papal... Nada obstante, diferentes mosteiros nem chegaram a introduzir a clausura, resguardando cada instituição congregacional, de certa forma, o seu perfil particular. Ainda que confessando a mesma bula, ostentam constituições e costumes diversificados.

Agora se dirigindo a todos os presentes, prosseguiu:

– Distintas damas, esclareço, entretanto, que todos as abadias, no fim, servem à mesma causa espiritual e o Senhor estará com todos, enquanto os ideais forem sinceros! O progresso e o crescimento demográfico, os ideais santificantes no bem e as disciplinas do *Evangelho* de Nosso Senhor Jesus Cristo têm levado muitos à vida devocional; portanto, torna-se natural que as instituições religiosas se multipliquem dia, após dia.

Com toda aquela detalhada explanação, a monja carmelita, no íntimo, preparava os corações e mentes para uma variante da congregação Carmelita, que já havia tomado feição em sua mente, a das Carmelitas Descalças, na qual a completa simplicidade, a austeridade na conduta espiritual, o total abandono dos apelos do mundo, junto aos labores caritativos seriam o seu principal alvo. Dentre a aristocrática grei presente, a mais singela dama, Maria Salazar, sem ostentar quaisquer titulações de fidalguia, sendo uma mera dama de companhia de dona Luisa y la Cerda, tornar-se-ia a mais devota seguidora de Teresa no futuro. Com o nome de Maria San José, além de grande amiga da monja carmelita converter-se-ia nos anos vindouros encarregada do priorado de Sevilla e, posteriormente, do de Lisboa.

– Ah! Existe algo mais agradável ao espírito do que um retiro na velhice para o encontro definitivo com Deus? – suspirou com alívio dona Luisa y la Cerda, gratificada por já possuir sua própria abadia, bem como sua querida filha, Maria Mendoza, prima da capciosa Ana de Mendoza.

A afirmação da tia fez a esposa de dom Ruy Gómez quedar-se ainda mais mal-humorada do que de costume, visto que a promessa de Felipe no abono das terras de Pastraña tardava, em favor da reforma de um claustro lá existente, somente para ela. Aliás, na altura dos acontecimentos, ante o repentino enlevo apaixonado do rei pela nova esposa, a princesa d'Éboli já não estava tão segura da realização dessa promessa.

Numa imprevista aspiração, dona Maria Enríquez sugeriu amigavelmente:

– A atual esposa de dom Felipe, como já disse hoje uma afeiçoada, vota-se aos bens filantrópicos e aos sacrossantos valores de nossa igreja. Jamais atinei que nosso monarca pudesse encontrar um par tão perfeito... Quem sabe, madre Teresa Sánchez, antes de partirem para a corte de El Alcázar de Madri, possamos favorecer um feliz encontro com ambos?! Asseguro-me de que o nobre casal se encantaria!

– Respeitável amiga, duquesa d'Alba, tudo está nos desígnios de Deus. Jamais violentei o compasso da existência e o fluxo divino dos acontecimentos. Quando se fizer o momento, tudo conspirará a favor.

– Como sei que permanecereis em Toledo nos próximos dias, buscarei diligenciar esse encontro. Aguardai, pois, que darei notícias em brevíssimo tempo.

O ajuntamento das nobres damas em torno da monja de esplêndida feição chegava ao fim, ainda com a veemência das cortesãs conhecerem os mais triviais informes acerca da vida monástica da carmelita. Madre Teresa Sánchez sempre respondia com caridade e paciência, entretanto, no imo do coração, conhecia sobejamente os desejos superficiais das abastadas senhoras, sem um sentimento profundo e lúcido de entrega aos bens espirituais, por fidedigno clamor da alma amadurecida.

As visitantes despediram-se, depois de sorverem infusões bem quentes de ervas aromáticas, em xícaras de rica porcelana suíça, bem como se deliciarem com biscoitinhos e geleias especialmente feitos para a visitação da querida e admirada religiosa carmelita.

Teresa Sánchez Cepeda y Ahumada, no dia seguinte, de fato, avistava-se com Felipe e Elizabetta, no paço de Toledo, num encontro breve, mas agradabilíssimo para todos os corações, e que selaria uma grande amizade.

Delineou ao governante de Espanha o seu projeto em andamento na reconstrução do mosteiro de Ávila e as grandes lutas travadas, contudo, foi resistente em não aceitar a ajuda financeira do rei para o término da obra, exaltando os sacrifícios indispensáveis nas empreitadas por Deus e por Jesus Cristo, na sedimentação dos valores a serem amealhados pela alma devota. Nada obstante, não recusou a intervenção do monarca, no momento oportuno, na busca de garantir o aval papal para a nova congregação das Carmelitas Descalças, que gradualmente ganhava contornos em seu ideário, o que Felipe anuiu espontaneamente.

Depois daquele inolvidável encontro com a erudita monja conhecida por sua intrépida coragem, detentora de alma poética e de grande tirocínio intelectual, além da aguçada percepção extra-sensorial, o casal jamais olvidou o amparo às obras do Carmelo, fazendo-o consecutivamente de maneira sub-reptícia, mormente agenciando tudo o que concernia à autoridade clerical, em Roma, em prol da legitimação das abadias a serem fundadas.

A inauguração do claustro de Ávila dar-se-ia em 24 de agosto de 1562 e o governante faria a sua ajuda chegar incognitamente através de uma dileta amiga de madre Teresa Sánchez, a jovem viúva dona Guiomar Ulloa, sem que a freira soubesse.

A abastada abulense, dona Guiomar, seguiria a monja pelo restante de sua profusa existência de sessenta e sete anos. A religiosa fundaria o total de quinzes cenóbios pela Espanha e ajudaria a estruturar outros, contando sempre com a ajuda de Felipe junto ao sumo pontifício, em Roma, na legitimação das instituições.

Dentre os freis que se juntariam ao ideal da nobre madre na congregação das Carmelitas Descalças, destacar-se-ia o seu grande amigo: o inolvidável monge Juan de la Cruz.[62] O frei fundou a ordem

---

[62] São João da Cruz nasceu em 1542, provavelmente no dia 24 de junho, na cidade de Fontiveros, província de Ávila, Espanha. Filho de Gonzalo de Yepes e Catalina Álvarez. Gonzalo pertencia a família nobre de Toledo. Por ter-se casado com Catalina, de classe subalterna, foi deserdado por seus pais, tornando-se tecelão. Em 1548, a família muda-se para Arévalo; quatro anos depois, para Medina del Campo, onde o futuro carmelita cursa modesta escola para crianças pobres. Torna-se auxiliar do diretor do hospital de Medina del Campo, por seus enormes predicados intelectuais. Estuda humanidades com os jesuítas, ingressando na ordem dos Carmelitas aos 21 anos de idade, no ano 1563, quando recebe o nome de frei João de São Matias, em Medina del Campo. Completa seus estudos em Salamanca, concluindo com êxito seus estudos teológicos. Em 1567, ordena-se sacerdote e celebra sua primeira missa. Desiludido da vida monástica pelo modo em que viviam os conventos carmelitas, passa para a ordem dos Cartuxos, bastante austera, quando pode viver a severidade de vida religiosa na qual cria. Em setembro de 1567 encontra-se com Teresa d'Avila, que lhe confessa o desejo de estender a reforma da ordem Carmelita também aos padres. O jovem de apenas vinte e cinco anos de idade acatou essa função. Trocou o nome para João da Cruz. No dia 28 de novembro de 1568, juntamente com frei Antônio de Jesús Heredia, inicia a reforma. Tal reforma custou ao frei maus tratos, difamações e perseguições, sendo preso por quase um ano em Toledo. Nesse período turbulento, emerge o poeta e o literato de grande talento da alma do frei. Morreu

do Carmelo para os padres, não sem sofrer grandes perseguições e padecimentos.

A monja prosseguiria em suas empreitadas, em penhor dos cenóbios carmelitas, estruturados em novas e singelas bases. Sequencialmente a Ávila, fundou-se: Medina Del Campo, Malagón, Valladolid, Duruelo, Toledo, Pastraña, San Pedro de Pastraña, Salamanca, Alba de Tormes, Segóvia, Beas, Sevilla, Caravaga, edificado por dona Ana e San Alberto; Villanueva de la Jara, Palença, Sória e Burgos.

O célebre encontro de Teresa com uma alma enormemente afeiçoada à sua, o velho franciscano frei Pedro de Alcântara,[63] estruturaria definitivamente as convicções pela organização da congregação das Carmelitas Descalças no coração da monja carmelita, que ganhou feição mais definida nas abadias de Toledo e Pastraña.

Frei Pedro de Alcântara e Monja Teresa Sánchez praticaram e difundiram, em toda vida, as noções transcendentes da oração, sem o discurso memorizado e sem a ritualística meramente exterior. Prega-

no mosteiro de Ubeda, sem completar cinquenta anos, no dia 14 de dezembro de 1591. (Nota autorizada pelo autor espiritual.)

[63] Pedro Gravito nasceu no ano 1499, em Alcântara, na Estremadura, fronteira com Portugal. Filho dos nobres, dona Maria Sanabria e Maldonado e dom Pedro de Gravito, governador da cidade. No ano 1524, aos vinte e cinco anos, ordenou-se sacerdote franciscano, depois de grande resistência, só aceitando a ordenação por obediência. Tornou-se pregador, entregando-se à oratória com tal fervor de espírito, que não se tardaram a espalhar as suas virtudes. Auferiu, também, grande renome como confessor e teólogo, no entanto, sempre foi apontado como um humilde frade. Operou inúmeras conversões, proporcionando a muitos fiéis o encontro com a verdadeira religiosidade e união com Deus. Frei Pedro de Alcântara e monja Teresa d'Ávila foram dois espíritos que muito se identificaram, realizando importantes reformas monásticas, memoráveis em toda a história da igreja. A austeridade do Carmelo reflete a influência espiritual de Pedro de Alcântara, que fez a dileta filha de Ávila perceber os grandes desafios a serem vencidos, de modo a colimar-se uma vida espiritual plena. Frei Pedro de Alcântara esclareceu ao confessor de Teresa, o bispo de Ávila, que os êxtases dela provinham de Deus e que a ação do Espírito Santo era patente na alma da carmelita. Sempre presente entre os humildes, fundou uma congregação austera, recebendo do papa Júlio III o aval para o funcionamento de um convento perto de Pedroso, na diocese de Palencia, no ano 1555. Morreu no dia 18 de outubro de 1562, aos sessenta e três anos de idade e quarenta e sete de vida religiosa; foi sepultado no convento de Arenas. Em 31 de maio de 1826, o papa Leão XII, atendendo a uma solicitação do imperador dom Pedro I, proclamou frei ou são Pedro de Alcântara o padroeiro principal do Brasil. (Nota autorizada pelo autor espiritual.)

vam a prece íntima sem qualquer alarde das palavras; a busca intensa de Deus, dispensando-Lhe a imagem, por meio de uma percepção espiritual especial. Enfim, Teresa s'Ávila anotou em pergaminhos os distintos estado da oração: *O castelo interior*, escrito no ano 1577; semelhante a este, frei Pedro de Alcântara escreveu o *Tratado da oração e meditação*, no ano 1556.

Num curto período de convívio, os dois corações auferiram enorme identidade de princípios religiosos e afetivos, tendo acontecido com ambos, mormente quando juntos, diversos e insólitos fenômenos extranormais de levitação e transporte. Na realidade, os arautos dos Céus proclamavam hosanas por aquele reencontro de almas extremante queridas.

As incontáveis notas de sublimado sabor espiritual da inolvidável servidora de Jesus Cristo eternamente repercutir-se-iam no éter, pelos séculos sem fim, em prol de pequenos e grandes, qual esta:

> Que cada um providencie, portanto, peso e medida para as suas palavras e um freio para a sua própria boca, para que sua língua não o faça cambalear e tombar e sua queda não seja incurável e imortal.

12. Prodígio de São Eugênio

Mas Jesus respondeu: – Não lho proibais; porque ninguém há que faça milagre em meu nome e, logo a seguir, possa falar mal de mim. Porque quem não é contra nós é por nós.

(Jesus, Marcos 9,39-40)

Ó Deus! Como está enlevada minh'alma além do sol, e como está abrasada!

(Teresa d'Ávila)

Rompeu o ano 1564, sem que Elizabetta conseguisse conceber uma criança para a tristeza do amado esposo e da corte espanhola. Quase quatro anos de investigações clínicas e sofrimentos, rebuscando o que ocorria com a esplêndida jovem mulher, contando então dezoito anos.

Felipe mostrava-se um companheiro imensamente complacente e amoroso; embora também angustiado jamais desistira, buscando por todos os meios minimizar as angústias da esposa.

Certa feita, a jovem dama, reunida com o esposo em seus aposentos particulares, na residência de El Alcázar, prostrava-se soturna e chorosa, repousando a cabeça no peito do companheiro querido, sem nada dizer. Felipe, num ato de extrema dedicação, investigou:

– Elizabetta, minha adorada, o que desejais? Pedi-me qualquer coisa que farei trazer até vós, qualquer coisa! Sou o dono do mundo e nada pode ser negado à minha senhora, que precisa aprazer-se e alegrar-se.

A jovem mulher, enxugando os olhos com espanto, com voz embargada, interessou-se.

– Por acaso adivinhais meus pensamentos e desejos, meu querido?

– Ainda duvidais?

– Pois confesso que estou lucubrando algo há alguns dias...

– Capturei-vos as ideias, por tanto vos amar! O que seria?

– Felipe, desejo que mandeis vir até Espanha os incorruptos restos mortais do beato Eugênio.[64] Não concebeis a fé que possuo nesse santo que fez incontáveis milagres em vida e ainda os faz depois de morto. Desejo acariciar com humildade a sua urna, ajoelhar contrita e deixar que o bondoso velhinho desça de Deus, toque a minha cabeça, sanando o desconhecido mal que me impede a sagrada maternidade.

– Se é isto que desejais, é isto que tereis! Ninguém negará esse pedido a Felipe de Espanha.

A jovem estreitou mais ainda o querido esposo em seu abraço e num suspiro infinito meditou na grandeza da afeição que lhes abrasava as existências...

[64] Beato Eugênio III, da ordem de Cister, ordem monástica católica fundada em 1098, por Robert Molesme, seguindo as regras beneditinas. Os monges ficaram conhecidos como monges brancos, devido à cor de seus hábitos. O beato entrou na ordem depois de seu encontro com o memorável Bernardo de Claraval. Eugênio III nasceu em 15 de fevereiro de 1145, em Montemagno, próximo a Pisa, Itália, numa rica família cristã da nobreza italiana; recebeu na pia batismal o nome de Píer Bernardo Pignatelli e foi ordenado sacerdote em Pisa. Bastante conhecido como alma reservada, muito bondosa, ponderada e detentora de exímia inteligência. Em 1135, ingressou na ordem de Cister, sendo designado para o mosteiro de Farfa, diocese de Viterbo, de onde foi nomeado abade pelo papa Inocêncio II. Píer Bernardo Pignatelli foi elevado ao papado em 1145, adotando o nome de Eugênio III. No ano 1146, Arnaldo de Bréscia exigiu do papa a entrega da cidade de Tívoli; ante a sua negação e sob ameaça de Bréscia, partiu para Siena, atravessou os Alpes e resguardou-se em Paris, onde ficou estabelecido durante três anos. Defendeu a igreja da invasão otomana e iniciou a construção do palácio pontifício. Morreu no dia 8 de julho de 1153, depois de permanecer oito anos no sumo pontifício. Foi considerado santo pelos muitos milagres feito em vida, assim como depois de morto, em prol daqueles que buscavam em aflição sua tumba. Está escrito na lápide de seu sepulcro: "Jaz neste sepulcro o corpo de Eugênio, que vive em Cristo, por mercê da bondade divina. Pisa forjou o homem e Claraval formou o discípulo em santidade para a vida religiosa. Desde então, passou ao mosteiro de mártir Anastácio; de abade chega a sumo pontífice universal. O mês de julho, quando o sol se abria pelo oitavo dia, levou aquele que era facho de luz e esplendor do mundo, no ano 1153 da concepção da Virgem." (Nota autorizada pelo autor espiritual.)

"Qual seria a razão de tão maravilhoso encontro? Porquê os rios de nossas vidas tomaram cursos tão inesperados, entretanto indizivelmente perfeitos? Em nada a razoável diferença de nossas idades interferiu para que o amor fosse possível; ao contrário, foi mais possante que as altas marés, mais intenso que as águas profundas do Tejo, mais fatal que a mais rigorosa das nevascas espanholas. Certamente esse encontro estava nos desígnios de Deus."

A jovem prosseguia afundada em infinitos pensamentos, enquanto capturava o calor do tórax do ente muito amado e, além disso, auscultava o batido compassado de seu coração, a mais valiosa de todas as gemas da terra.

Os meses passariam imperceptíveis depois da amorosa confabulação entre o mais festejado casal de Espanha. Elizabetta renunciou ao arriscado empreendimento de fazer transportar os despojos do beato italiano Eugênio, conhecido por seus milagres e grande bondade.

Procurava ocupar os seus dias na contratação de artistas e mestres escultores para a corte espanhola, permanecendo envolvida em diversos projetos sociais, enquanto acompanhava o esposo em outros tantos assuntos políticos. Tornou-se a tradutora oficial das diversas missivas diplomáticas, que iam e vinham, entre Espanha e várias nações, delicada função que sua primogênita sustentaria depois de sua extinção.

Elizabetta, ao conhecer algumas obras da exímia pintora italiana, Sofonisba Anguissola, nascida na cidade de Cremona e discípula do grande mestre Bernardino Campi, reivindicou ao esposo a sua irrecusável presença na corte de Espanha, como pintora da família real. Por esta razão a mestra Sofonisba viveu muitos anos em Madri, onde executou belíssimas e imorredouras telas: de Elizabetta de Espanha, Felipe, seus filhos, dentre outros vultos nobres.

A filha de Catherine de Médici, com a completa outorga e incentivo do monarca, que se orgulhava ao vê-la em pleno domínio de seus talentos, deixou-a na frente das várias reformas arquitetônicas feitas na casa real de El Alcázar, assim como das obras do cenotáfio de El Escorial.

Elizabetta de la Paz, 1565, em pintura de Sofonisba Anguissola

El Alcázar de Madri regurgitava de mestres, pintores, escultores e, nos saraus promovidos pela dama, não faltavam as declamações de ilustres poetas e prosadores, as encenações das peças dos renomados dramaturgos, bem como recitais de boa música. A jovem na pujança da beleza foi grande patrocinadora das artes, da literatura e do teatro espanhol, sendo constantemente procurada por artistas que desejavam se lançar ao estrelado e a uma vida artístico-literária reconhecida.

Elizabetta de Castilla e Aragón, senhora de Espanha, tomou para seu projeto pessoal a estruturação da futura grande biblioteca do mosteiro de El Escorial. Muito antes da inauguração da magnífica edificação, já se encontravam nas mãos de Felipe uma grande lista dos compêndios que jamais poderiam faltar em suas estantes, esquadrinhada meticulosamente pela esposa.

Ocorreu que Elizabetta, inesperadamente, descobriu-se esperando uma criança, afogada no ardor de tantos compromissos, enquanto mantinha a intrusa Ana de Mendoza bem distante do valioso esposo. O júbilo foi geral, todavia, no delicado período, Felipe exigiu o total afastamento da companheira do afã no qual se consumia, de modo a preservar a tão aguardada gestação. Entretanto, a pedido dela, nomeou um substituto exclusivamente para as entrevistas diárias em El Alcázar, às quais artistas, peregrinos de distantes paragens, mestres-escultores e necessitados de variada ordem acorriam, trazendo as súplicas mais diversas. A jovem senhora sempre os correspondia com uma palavra amiga de gentileza, um sorriso, uma oportunidade e o socorro solicitado. Ora, requeria-se o reparo de uma igreja; ora, de um nosocômio público em longínqua vila espanhola; em outro momento a restauração de um pontilhão que cedera...

Os quase quatro anos já sorvidos em Espanha haviam sido pródigos e cheios de ensejos gratificantes, para ela e para os solicitantes. O povo, como nunca, corroborava a todos os ventos a sua carinhosa titulação: 'Elizabetta de la paz'.

Dentre as alegrias gerais, pela criança por chegar, somente o coração da duquesa de Mélito mantinha-se soturno e acirrado, reunindo-se com dom Juan de Escobedo, numa de suas escapadas fortuitas, num transe de completa loucura e inconformação pela manifesta transformação e felicidade do monarca, exigiu:

– Querido Escobedo, emprestai-me toda a vossa atenção. Desejo saber o quanto me amais, perguntando: submeter-vos-íeis a um teste? – interessou-se a esposa de dom Ruy Gómez sorrateiramente, como uma gata dengosa enroscando no pescoço do garboso secretário e inebriando-lhe com seu delicioso perfume.

– Minha querida, colocaria o mundo aos vossos pés, pois vós o merecei! O que tanto vos interessa que ainda não lograstes possuir, visto que comumente conseguis tudo o que desejais, sendo inventariáveis o montante de vossos haveres?!

– Escobedo, meu querido, o maior presente para uma mulher exigente como eu é ter seus desejos atendidos! Muitas vezes esses anelos não são estritamente joias, terras ou títulos... – enquanto murmurava dengosamente cobria a face do secretário de beijos.

A célebre biblioteca de El Escorial,
fonte: Wikimedia Commons

– Que anseio tão importante altear-se-ia acima das joias, terras e títulos, que tanto apreciais? – perguntou Juan de Escobedo já intrigado.

– Que você lave a minha honra e vingue-me com Felipe! – revelou num só arranco, já com um tom acre.

– Como assim?

– Explicarei. Na inocência de meus poucos dezenove anos, quando cheguei no antigo paço de Toledo, Felipe quedou-se de amores por mim e fez-me sua amante. Ó querido Juan, relutei, relutei terrivelmente, mas como desobedecer aos desejos escusos de um poderoso monarca qual Felipe...

"Tentei falar de meu amor por meu esposo, seu melhor amigo e confidente, dom Ruy Gómez, mas ele parecia insensível e tresloucado de paixão...

"Engravidei de meu primeiro rebento e, quando declarei-lhe a paternidade, mandou-me aos clínicos interromper a indesejada gestação ou imputar a paternidade ao próprio dom Ruy."

Nessa altura, a falaciosa mulher já chorava copiosamente e, entre soluços e desespero, continuou aos olhos espantados do secretário.

– Submeti-me indefesa às suas loucuras de amor, cada vez mais vis, contudo, muito rápido cansou-se de mim e relegou-me qual traste desprezível...

– Por que nunca me revelastes tal coisa, Ana?

– Vergonha, somente grande vergonha, meu querido!

Se a aberta relação amorosa de Ana com o amigo e secretário, Antonio Pérez, jamais o consternou, fazendo ouvidos moucos para as intrigas dos cortesãos, aquela abrupta revelação havia comocionado as fibras íntimas do belo jovem, certamente pelo antigo despeito e diferenças pessoais com Felipe.

– Grande sórdido! Essa prepotência é comum em suas atitudes; então não sabeis que agora, por banais ciúmes, afastou dom Carlos definitivamente de El Alcázar, unicamente para mantê-lo distante de sua adorada esposa francesa. Motivo completamente pueril.

Aquela revelação atingiu o coração da jovem mulher como um dardo mortífero, fazendo-a sobrecarregar nas aterradoras calúnias, de modo a atingir o seu interesse principal. Exteriormente, no entanto, procurava ardilosamente dissimular suas reais intenções.

– Vede, meu querido, como padeci em silêncio? O que impede o autoritário de fazer o que deseja?

– Nada, por certo!

– Bem, precioso Escobedo, talvez não compreendereis de pronto as minhas razões, com certeza me acusareis de louca ao vos revelar meu plano, no entanto sinta com meus sentimentos e compreenda com as minhas razões e dignidade ferida...

– Dizei...

– A minha grande vingança será impedir o nascimento dessa criança tão esperada e que transformou um potente monarca, qual Felipe, num estúpido adolescente, a bajular dia e noite a francesa não menos detestável...

– Ainda que eu reconheça as vossas razões, desejando eu mesmo buscar a desforra com as minhas próprias mãos, lavando-vos a honra ferida, como impedir o nascimento dessa esperada criança? Que poderes vós tendes, Ana?

– Já pensei em tudo, Escobedo.

Ao declará-lo a jovem insinuante, bastante perfumada e trajada com extremo apuro para aquela empreitada sórdida, achegou-se mais ainda ao amante e, acarinhando-lhe a face, sugeriu:

– Podemos acidentá-la, ou seja, podemos improvisar algo que pareça um acidente! Muito simples!

– Perdoai-me, doce princesa, mas não vejo como tão simples assim!... Aliás, nossos pescoços estarão à prova caso algum lapso decorra dessa possível armação.

– Ouvi-me, Escobedo: Elizabetta quase todas as manhãs tem saído com suas damas para um deleite pelos arredores de Madri; eu mesma como sua secretária já as acompanhei para inteirar-me do circuito diário de recreio... Para certificar-me de que o trajeto é sempre o mesmo, coloquei meu criado, Alfonso, para segui-las por dias. Portanto, é de meu conhecimento que elas sobem as campinas a oeste através das estradas perpendiculares, que não são muito boas, passando horas sob o sol e à orla da grande ribeira. Podemos sabotar uma das rodas da carruagem, de modo que, ao maior esforço do transporte, de modo a galgar o aclive, à potente marcha dos cavalos, a roda saia e a caleça tombe.

Ao declará-lo, os olhos de Ana Mendoza adquiriram um brilho diabólico.

Em todos os períodos da humanidade, os seres incorpóreos ajuntaram-se às ideias nobres ou criminosas dos viventes da terra, auxiliando-os na realização de seus intentos. Dessa forma, era inegável que a esposa do incorruptível dom Ruy Gómez estava completamente ensandecida nas próprias ideias, dada a riqueza de suas criações mentirosas e a sutileza de sua arquitetagem criminosa.

– Ana, minha querida, seremos condenados a morte! Não notais? É uma empreitada impetuosa e assaz arriscada.

Ao pressentir o secretário fraquejar, a duquesa de Mélito lançou mão novamente de seus artifícios teatrais:

– Pois bem, se não vos encontrais a altura de destacar um servo de confiança, sem nada a perder, que por algumas *piezas* de ouro mataria com as mãos a própria rainha, procurarei me entender com alguém mais corajoso, por isso mesmo digno de meu amor. Quem sabe esse alguém seria dom Antonio Pérez?!

Muito embora os cavalheiros Juan de Escobedo e Antonio Pérez tentassem se convencer da banalidade de seus escondidos romances com a licenciosa dama, na realidade vergavam-se aos seus encantos contínuas vezes.

– Cara Ana, pensarei melhor no assunto. No entanto...

– Ainda acobardado?

– Não, apenas ajuizando nas responsabilidades... No entanto, se ela morrer? Inquéritos virão. Felipe não perdoará a ninguém, levantará testemunhas...

– Ora, Escobedo, deixai de pieguismos. Depois do trabalho feito, incógnitos, delataremos o infeliz que contratardes como bruxo, aos mandatários do tribunal inquisitorial. Agenciaremos testemunhas a declararem que o viram blasfemar contra a rainha e o futuro herdeiro, ao vê-la passar pela estrada na caleça que viria a acidentar-se. Ele será queimado, sem chances de defesa. Estaremos livres de suspeitas e eu terei perpetrado a minha vingança!

Num sorvo ruidoso e agitado, Juan de Escobedo depressa se desatou dos abraços da cortesã, começando a cogitar seriamente em como realizar o absurdo projeto elaborado por aquele envolvente perfil feminino, acreditando-a verdadeiramente ultrajada na própria honra.

– Pois bem, conheço um infeliz que já esteve para morrer várias vezes, afogado no álcool; que agora seja por um bom motivo. Irei ter com ele, passando-lhe as instruções de afrouxar alguns pontilhos, anéis e pregos do eixo das rodas esquerdas, mas não totalmente, de maneira a se soltarem em definitivo no adiantado do passeio, quando a caleça já estiver subindo o flanco, ao empuxo dos corcéis.

A voluntariosa duquesa lançou-se ao pescoço do pobre homem, em abraços e beijos de agradecimento. Juan de Escobedo, ainda de mente atordoada, mais parecia mero títere,[65] sem vontade própria, dominado pelos desejos inconfessáveis da capciosa princesa de Éboli, Ana de Mendoza.

Num período qual aquele vivido pelos personagens inseridos no Século de Ouro de Espanha, pátria decantada por suas conquistas e glórias, onde o fastígio do poder e as primazias temporais destacavam-na, em face da Europa renascentista, as aleivosias, os conluios, as competições e até os crimes eram bastante comuns.

Felipe era um dos governantes mais rivalizados do Velho Mundo por líderes estrangeiros, até detendo antagonistas entre os de sua mais estreita confiança.

Em decorrência disso, um lamentável acontecimento surpreenderia, dolorosamente, as vidas do monarca espanhol e de sua esposa.

Na saída de Elizabetta para o costumeiro circuito de lazer matinal, com suas damas de companhia, dona Maria Messa e dona Teresa Furtado, a carruagem, puxada pelos cavalos, ao galgar determinada encosta, perdeu as rodas esquerdas, vindo a tombar num acidente de gravíssimas proporções.

O cocheiro, em completo desespero, ainda sem ajuizar se havia tido alguma culpabilidade em tão dramático acontecimento, montando sobre o dorso de um dos animais, volveu para suplicar ajuda

[65] Fantoche

no castelo de El Alcázar, entretanto, atônito e em cabal desesperança quanto às vidas das senhoras.

Felipe, ao ser informado da grande desgraça que se abatia sobre a sua vida, agenciou carruagens e os melhores clínicos da corte, prorrompendo em integral alvoroço íntimo ao socorro da esposa.

O saldo da macabra e engenhosa armadilha da princesa d'Éboli e Juan de Escobedo havia sido lamentável: Elizabetta teve a gestação comprometida que já entrava no quarto mês; dona Teresa Furtado, depois de uma grave pancada na cabeça, veio a extinguir dias depois; dona Maria Messa padeceu luxações e um fêmur trincado. Somente o cocheiro, num salto espetacular, conseguira safar-se e testemunhou com o coração em pânico o hediondo acontecimento, sem nada compreender ou poder fazer.

Iniciou-se um dos maiores inquéritos que Felipe já instaurou em El Alcázar de Madri, de tão grandes proporções que os seus ministros procuraram abafá-lo ou minimizá-lo, o quanto puderam, para não terem os próprios postos e inteirezas políticas comprometidos, ante os embaixadores estrangeiros, nomeadamente os de França.

Nada obstante, Felipe estava irascível. Não padecia qualquer dúvida de que fora uma sabotagem visando o fim de sua adorada esposa.

Quando foi informado que Elizabetta gerava duas meninas, as convulsões de sua alma altearam-se às terríveis culminâncias da dor. Decidiu-se por encontrar os culpados e os levaria a forca pelo 'crime de lesa-majestade'.[66]

Dona Maria Messa e mais algumas damas secundavam a jovem abatida sobre o leito, passada uma semana do tenebroso acidente, quando Felipe chegou e pediu licença para ter com a esposa assunto importante:

– Como estais, minha querida?

– Recuperando-me. Logo estarei melhor.

–Tomei uma decisão que gostaria de avisar-vos.

[66] Crime político, contra líderes de uma nação.

– O que houve, Felipe? Encontrastes os culpados?

– Um suposto indiciado foi delatado, contudo, não duvido, o miserável apenas foi estrategicamente ajustado à situação, embora já esteja amargando no calabouço dos inquisidores. Não hesito que os verdadeiros articuladores ainda estão entre nós. Doravante, redobraremos os cuidados. Coloquei espiões muito bem pagos em todo o castelo de El Alcázar, bem como nas vivendas reais que costumamos frequentar.

– Querido Felipe, atendei-me! Poupai o pobre cocheiro. Ele nada teve com esse desastre tão bem tramado e de tão dolorosa magnitude. O infeliz estava completamente desesperado. Tentou auxiliar-me de todos os modos, antes de partir na busca de socorro... Identifiquei em seus olhos aflitos e aterrorizados a inocência. Ante a barbárie criminosa, as lágrimas chegaram a jorrar abundantes de seus olhos.

Numa parada súbita, a dama contornou a cabeça e fitou o azul do céu pela janela de seu quarto, ainda sem concatenar na tragédia que a acolhera ceifando a vida da bondosa dama de companhia:

– Pobre dona Teresa, sempre amável e cordata... estava tão radiante com a chegada de nossa criança... antegozava o momento de niná-la nos braços. Agora sabemos que era uma gestação dupla...

Elizabetta, sem conseguir controlar as lágrimas, entrou num choro convulsivo e angustiado, sendo imediatamente abraçada pelo companheiro diligente.

– Aqui entrei para vos comunicar algo que muito irá vos alegrar, contudo, ainda não consegui...

"Vamos, minha querida, cessai o pranto, minha alma também se dilacera, contudo, não hesito que vamos superar esses instantes terríveis.

"Afinal, posso vos dizer as novas?" – perguntou o esposo amoroso tentando consolá-la.

– Claro, meu querido, dizei-me! Mas antes me perdoai as fragilidades. Esta gestação era muito importante para nós.

– Tanto sei que já está a caminho de Madri, com toda a autorização do papa, os despojos do santíssimo beato Eugênio, e numa missa vamos suplicar a ele a vossa cura e uma outra breve gravidez.

– Felipe, meu adorado, que carinho, que dedicação de vossa parte! Como vos agradecer? O monge milagreiro de Pisa fez prodígios em sua existência inconspurcável; mesmo depois de morto o simples toque em sua tumba cura qualquer tipo de moléstia e realizava os mais inatingíveis anseios da alma.

Abraçando-se intensamente ao valioso amigo de sua alma e beijando-lhe a face várias vezes, a jovem prometeu:

– Se Deus, através do santo, conceder-nos um filho, se esse filho for varão, daremos a ele o nome de Felipe Eugênio, em vossa honra e em louvor ao beato milagreiro.

"Entretanto, se esse esperado rebento for uma menina, concederemos a ela o nome de Clara Eugênia, em homenagem à luz de um novo recomeço e em honra ao beato Eugênio."

– Para mim está excelente. Já consigo vislumbrar esse acontecimento!

Com pompas e reverências, os restos mortais do monge Píer Bernardo Pignatelli, que viveu no século XII, mais conhecido em vida como beato Eugênio, chegou a Madri. Um pomposo ofício religioso foi programado para o aporte do esquife em El Alcázar, em penhor à saúde da rainha de Espanha.

A lembrança do afável e caritativo monge que evangelizou de Toledo até Paris, onde esteve exilado, impregnava toda a atmosfera da capital do governo hispânico com a sua aura de luz e amor, ainda reinando no imaginário popular. Em honra ao beato, fogos de artifício estouravam por toda cidade, hinos eram evolados das igrejas, das capelinhas e das catedrais, orações eram recitadas. Enquanto o cortejo desfilava pelas ruas da cidade, guardando o esquife do memorável cristão italiano, a massa madrilena o ovacionava, ajuntando-se numerosamente, cobrindo-o de chuvas de pétalas perfumadas e saudações, em nome de todo o povo espanhol.

A missa na capela de El Alcázar, em louvor a são Eugênio e à dama recém-acidentada, foi bela e inspirativa, com um vigoroso sermão proferido pelo bispo de Madri, de arrancar as lágrimas dos presentes.

O clérigo principiou o ministério comemorativo lendo a narração de João Evangelista:

– "O ladrão vem somente para roubar, matar e destruir. Eu vim para que tenhais vida e vida em abundância. Eu sou o bom Pastor. O bom pastor dá a vida pelas ovelhas."[67]

"Respeitáveis monarcas de nossa Espanha, ministros, autoridades e todos os presentes, nesta manhã especialíssima, na qual temos diante de nós, não só os ossos de santo Eugênio, mas a aura mirífica dos verdadeiros mártires do *Evangelho*, dobramo-nos em reverência a Nosso Senhor Jesus Cristo. O corpo macerado pelas constantes lutas e perseguições por causa do Cristo quedou-se um dia ferido e esgotado, exânime e sem mais possibilidades de prosseguir, mas o zéfiro de amor e fraternidade, deste lídimo servo de Deus, nunca mais foi olvidada...

"Os tempos vêm e os tempos se vão, mas os que viveram com amor cristão impregnaram a vida desse bem inextinguível, que beneficia toda a humanidade...

"São João nos adverte quanto às obras iníquas; por elas são conhecidos seus artífices: só geram iniquidades, o mal e a dissolução, e os seus resultados ofertarão informes do negrume dos corações que as perpetraram... Nenhuma árvore boa oferece frutos maus e nenhuma árvore má oferece bons frutos, entretanto, muitas vezes, comemos um fruto que foi arrancado por um desconhecido, de uma árvore distante... Se adoecemos, logo desejamos conhecer a árvore para nunca mais dela nos servirmos e de bom coração avisamos para que ninguém dela se sirva...

"Se o nosso trabalho muitas vezes não é tão eficaz, o de Deus constantemente será profícuo. Ele conhece todas as coisas, ainda que ocultas, e sabe onde estão as raízes de todo mal, que roubam e destroem, avisando que estas tais nada têm com ele...

"No entanto, como Bom Pastor, Jesus Cristo sempre representará para a humanidade o fruto sazonado, a seiva revitalizadora, nova vida e oportunidade... E Ele prometeu: 'Eu vim para que tenhais vida e vida em abundância', a vida com Ele e nos princípios de seu *Evangelho* é para os corações fortes e animosos, para seus discípulos diletos, como são Paulo, são Estevão e são Eugênio. Com Ele jamais há morte, nunca há extinção... Com Jesus Cristo, o sol da esperança

[67] Jesus, João 10,10-11.

sempre volta a nascer, vencidas as mais densas madrugadas, com Ele é sempre possível reedificar sobre os escombros..."

Neste momento, o sacerdote fez um sinal e Elizabetta foi acompanhada por Felipe até o dossel, sobreposto a um menor altar, onde o esquife jazia. Os múltiplos círios chamejavam concedendo à capela um halo divinal.

A dama ajoelhou-se e deitou as palmas em completa genuflexão sobre a urna, ladeada por Felipe. Orando baixinho e fervorosamente, depositava as suas súplicas aos cuidados do santo, enquanto o clérigo prosseguia:

– Deus nos conhece a todos, um a um. Podemos enganar aos nossos irmãos de caminhada, mas a Ele jamais. Existem ladrões de amor, de vida, de confiança e de alegrias, que é bem mais grave do que ladrões de valores materiais, que se passam por bons cidadãos...

"Existem pastores de almas, completamente votados ao bem e a caridade, pastoreando as almas para o redil do Bom Pastor, com seus exemplos genuínos de amor e bondade, porém, na maioria das vezes, desconhecidos de todos...

"No entanto, aos olhos misericordiosos do Criador, ladrões ou bom pastores, todos somos conhecidos, e ao Pai ninguém engana. Fiquemos em alerta: no dia do Juízo Final, em que as consciências serão chamadas à devida contabilização das competentes atitudes, os véus cairão e todos serão reconhecidos, mas, pesarosamente, nem todos entrarão pela mesma porta."

Evidentemente que o clérigo primou no belo e genérico discurso pela disseminação dos valores evangélicos, entretanto, era inegável que, como grande amigo do monarca, visou atingir determinados corações e consciências, provavelmente arroladas no ignominioso acidente.

Sem dúvida colimou o seu intuito, talvez porque o ambiente encontrava-se saturado de energias benfazejas e superiores, talvez por ocasião da presença espiritual do próprio beato Eugênio. Todos foram atingidos de alguma forma.

Elizabetta chorava de gratidão, abraçada a Felipe. Contudo, para espanto de dom Ruy Gómez, Ana de Mendoza permaneceu trêmula e nervosa durante todo o sermão. Não lograva fitar o bispo, tampouco os circunjacentes, sentindo-se devassada de alguma forma. A voluntariosa dama, bem como dom Juan de Escobedo, jamais puderam imaginar os tão funestos resultados advindos da ação apaixonada e guiada por forças espirituais desagregadoras...

Passada a emoção da realização do ato criminoso, instalou-se o pânico nos corações dos cúmplices, que receavam aflitos serem descobertos. Duas mortes lhes pesariam eternamente nas consciências: de dona Teresa Furtado e do infeliz que sabotou a carruagem, depressa embaixo de sete palmos de terra, condenado pela justiça secular.

Discretamente acomodado mais ao fundo da capela de El Alcázar, dom Juan de Escobedo sentia os mesmos desconfortos íntimos de sua amada, Ana de Mendoza, tendo assistido à pregação e à sagração litúrgica sempre de cenho baixo, como se olhos invisíveis lhe devassassem as ações sórdidas.

No entanto, para Felipe e Elizabetta uma nova e venturosa aragem, qual sublime primavera descida dos céus, traria excelentes notícias em pouquíssimo tempo.

Felipe II, 1565, em pintura de Sofonisba Anguissola, Museu do Prado

13. Inevitável Despedida

Desperta, ó tu que dormes, levanta-te de entre os mortos e o Cristo te ressuscitará. Portanto, vede prudentemente como andais, não como néscios, e sim como sábios, remindo o tempo, pois os dias são difíceis.

(Paulo, Efésios 5,14-16)

Embora seja certo que uma alma, segundo sua maior ou menor capacidade, pode chegar à união com Deus, ela, porém, tem modos diversos de conquistá-Lo conforme Ele mesmo conceder.

(João da Cruz)

Desde o ano 1554, por ocasião do segundo casamento de Felipe, o importante duque d'Alba já havia angariado uma visível preeminência, tornando-se um dos 'quinze grandes de Espanha'; quase em seguida, um novo conflito bélico arrolaria, nas terras itálicas, a Espanha e a França, oportunizando ao pomposo duque destacar-se de general para governador de Milão e, ato contínuo, vice-rei de Nápoles, fruindo abertamente as graças do influente Felipe.

Entretanto, o papa Paulo IV, insatisfeito com dom Fernando Álvarez, o duque d'Alba, cuja presença lhe era detestável em Itália, além de ostentar publicamente verdadeira repugnância à linhagem dos Habsburgos, busca uma aliança com a França para retirar de forma definitiva o intruso do solo italiano. Naqueles passados dias,

Henri II de França, pai de Elizabetta, acorrera ao clamor do sumo pontífice, que, bastante satisfeito, uniu-se ao rei francês e destituiu o domínio de Felipe em Nápoles. Alma incomensuravelmente acirrada, o general Fernando Álvarez de Toledo avançou com um exército de doze mil soldados contra Roma para uma retaliação ao papa, que detectando o tamanho poderio espanhol, aquiesceu por uma trégua.

Seus coligados franceses, liderados pelo comandante Francisco de Guise, bateram em retirada; contudo, na região de Picardia, o duque d'Alba sobrepujou vergonhosamente o general Guise na conhecida batalha de Saint-Quentin, situada no departamento de Aisne, ao mesmo tempo em que esmagava as hostes papais em Roma.

A paz somente viria por intervenção direta de Felipe II, a quem o napolitano, Gian Pietro Caraffa, ou Paulo IV, já no final da carreira pontifícia, acorre em desespero. Mais um acordo de paz perpetrou-se entre Espanha e França, esta última acuada diante do poderio armado espanhol e da obstinação do duque d'Alba. Os arranjos dessa convenção, conhecida por tratado de Cateau-Cambrésis, já nos são conhecidos; contudo, na sequência da ascensão do intrépido militar, dom Fernando Álvarez incidiu o seu domínio sobre os Países Baixos, então sob a posse dos Habsburgos, tendo a ação assumido em alguns pontos conotações de revolução e grave animosidade. As origens residiam nas taxações e altos tributos, na exigência do pagamento da *alcabala*, para os espanhóis, e *alcavala*, para os flamengos, cobrados pela corte de Espanha, que, somados ao crescimento do protestantismo calvinista, no ano 1566, os ânimos naquela contiguidade terminaram extremamente exaltados...

Destarte, o duque d'Alba encontra os Países Baixos submersos em grande instabilidade e agitação; por esta mesma razão, se faz acompanhar por poderosa armada e também por seu primogênito, dom Fadrique Álvarez de Toledo, obstinados em esmagar qualquer ânimo insurrecto...

Decorrido um ano, ao aportar Bruxelas, o rigoroso duque criou ligeiramente o *Tribunal dos Tumultos*, no entanto, mais popularmente conhecido como o *Tribunal do Sangue*, com o intuito de julgar os responsáveis pelos distúrbios do ano anterior.

Foram incontáveis as mortes em função do impiedoso rigor com que dom Fernando Álvarez, agora o governador, agiu contra os insurretos; com prisões, condenações e terríveis interrogatórios acompanhados de torturas, que terminaram por deflagrar outros envolvidos na distante Madri. Nem mesmo os nobres e militares da mais estreita confiança de Felipe foram poupados, tão logo descobertas as suas intenções vis, dentre eles o conde Lamoral de Egmont, bravo militar que há pouco havia comandado a cavalaria espanhola na vitória em Saint-Quentin, e o importante duque de Montmorency.

A situação tornou-se mais dramática quando o príncipe de Orange, Guilherme de Nassau, aderiu aos rebeldes, secundado pelos huguenotes franceses...

O caos instalou-se com a impiedosa mortandade e as perseguições tremendas, tanto que foi irrefreável uma expressiva evacuação nos Países Baixos. Cada fugitivo passaria a ser reconhecido como um *geuzen* – mendicante –, que não sopitaria ao convite de ajuntar-se a quaisquer inimigos do impiedoso governador dom Fernando Toledo, dentre eles os corsários, já tomando a cidade de Den Briel.

Com punho firme e extrema determinação, o duque d'Alba enviou seu filho, Fadrique Álvarez de Toledo, como general em comando dos exércitos espanhóis, de modo a reincorporar Mechelen, Zutphen e Mons ao patrimônio hispânico. O jovem conseguiu grande êxito, apenas fracassando em duas províncias... Mais confiante ainda nas habilidades de seu primogênito, que ostentaria no futuro a titulação de IV duque d'Alba, o chanceler de Felipe o encomendou à captura das cidades de Naarden e Haarlem, numa obstinada subjugação, utilizando-se de cruéis assassínios, acrescidos de saques desumanos que assinalariam para sempre as estruturas espirituais mais sutis daqueles militares, ante as leis eternas. Somente Alkamaar, local cujos ânimos estavam excessivamente exaltados, resistiu-lhes à cólera sanguinária.

É inegável que, somado ao peso das idades, instalou-se uma conjuntura moral-espiritual perturbadora junto ao rigoroso duque, em decorrência das ações bárbaras no extenso genocídio, que, junto à independência de parte dos Países Baixos, muito desagradou a Felipe II.

Decaiu-lhe bastante a têmpera aguerrida e obstinada, fazendo com que o monarca espanhol, malgrado o alto conceito que aureolava o nome dom Fernando Álvarez de Toledo y Pimentel, o destituísse do governo. Nos futuros dias de 1573, encontrar-se-ia afastado da vida militar e política, quando Felipe ordenaria o seu pronto retorno à Espanha, nomeando dom Luis de Zuñiga e Requesens para a governadoria dos Países Baixos.

Dom Fernando Álvarez de Toledo cumulou grande débito ante o Criador, por meio dos longos anos de atrocidades, nos quais cerca de vinte mil pessoas foram exterminadas. Sua notória brutalidade, o rigor de suas decisões e a sua grande intolerância religiosa renderam-lhe, junto aos protestantes, a pecha de "o Duque de Ferro". A truculência do duque d'Alba atravessaria os séculos, sendo cada vez mais enriquecida no imaginário popular, a ponto de se criar sobre seu nome a Legenda Negra da Brutalidade, fomentando um lamentável sectarismo entre espanhóis que perduraria por longo tempo.

Seu filho e herdeiro, dom Fadrique, envolveu-se em vários escândalos, cumprindo prisão no castelo de Mota, em Medina del Campo, Valladolid. A influência que ainda restava ao velho pai seria vertida para a libertação do querido filho de dona Maria Enríquez Toledo. Quando liberto da segregação, rumaria para Flandres com os exércitos espanhóis. Também o próprio duque d'Alba, vencedor de tantos exércitos, depois de tamanho prestígio quedar-se-ia exilado em Uceda.

Dois anos antes do falecimento de dom Fernando Álvarez de Toledo, em honra a tão antiga amizade e a despeito do decaimento do ex-ministro, Felipe de Espanha integrá-lo-ia ao trono português, vago pela morte de seu tio, cardeal dom Henrique, sem deixar nenhum descendente. A despeito de existirem outros interesses neste cargo, a preeminência de Felipe manter-se-ia...

Mesmo em avançada idade, o memorável militar arrostaria com glória, na batalha de Alcântara, o exército de dom Diogo de Menezes, que tentaria resistir ao comando espanhol sobre Portugal. Destarte, novamente com o contributo de seu antigo chanceler, dom Fernando de Toledo, o rei espanhol tornar-se-ia: Felipe I de Portugal; o triunfante duque d'Alba receberia a titulação de *condestável de Portugal*.

Nada obstante, o IV duque d'Alba ainda aturaria mais nove anos de existência, vindo a extinguir-se para existência física em Lisboa, no futuro ano 1582, sendo sepultado em Alba de Tormes, no mosteiro de San Leonardo. Seu esquife seria transladado posteriormente para Salamanca, onde jazeriam para sempre os seus despojos, no mosteiro de San Esteban...

Findar-se-ia, desta forma, vencidas longas décadas de ações políticas, a história de vida de um dos homens mais influentes, rigorosos e inteligentes do Século de Ouro Espanhol.

Retornando aos dias frios de dezembro de 1565, as alvíssaras da gravidez de Elizabetta eram esparzidas por toda Madri, na corte e entre o populacho. Cada lábio madrilenho trazia a sua própria versão do prodígio do mártir milagreiro, são Eugênio.

Cercada das damas de companhia, a jovem senhora não cabia em si de contente, acompanhando as bordadeiras na confecção do lindo enxoval da criança.

Depressa outra servidora de peregrinas virtudes havia assumido o lugar da finada dona Teresa Furtado, cujo acidente ainda padecia a severa investigação de Felipe. Era ela a boníssima dona Maria Tomacita Herrera, dama de origem nobre que, qual mãe extremada, zelava pelos mais sagrados interesses da jovem francesa:

– Cara senhora, com grande fé em Jesus Cristo não duvido que tudo transcorrerá às mil maravilhas desta vez! Essa nossa criança abrolhará para a luz da vida cheia de saúde e trará enormes alegrias ao nosso rei – atestou dona Tomacita, matrona de meia idade e porte bastante robusto, com feição de grande bondade, na qual se destacavam proeminentes bochechas rosadas. A face angelical adornava a esplêndida moldura de negra cabeleira, já tingindo de fios prateados!

– Sem dúvida, dona Tomacita! Sinto no segredo da alma que agora todas as coisas correrão diferentes... Aprendi a agradecer a Deus por não ter padecido no terrível acidente; parei de deplorar a perda da criança e de me obstinar em encontrar o responsável pelo ato abominável... Deixei tudo nas mãos justas do Criador, de modo a ter paz para gerar meu filho – assegurou Elizabetta, já demonstrando um semblante de soberba madureza, bastante diferente da menina de apenas catorze anos que aportou Guadalajara quase cinco anos atrás.

– Ah! Madame, que temporada de grandes alegrias temos vivido com a notícia da chegada do herdeiro! – suspirou dona Maria Tomacita.

– Momento este que, de tão jubiloso, chega a ser, algumas vezes, hilariante, agora passadas as maiores apreensões... – assegurou dona Maria Messa, que já possuía bem mais intimidade com a esposa de Felipe.

– Hilariante, dona Maria? – interessou-se dona Tomacita.

– Ora, então não sabeis, minha cara! O nosso respeitável monarca mandou fazer um bonequinho com o qual pretende treinar para o batizado de seu adorado filho, tão temeroso está em segurar ao colo o recém-nascido!

O grupo de bordadeiras e damas de companhia explodiu numa só gargalhada, fazendo Elizabetta repreendê-las.

– Senhoras, exijo respeito ao rei e a minha pessoa! Afinal, tem ele o direito de se resguardar de todos os cuidados para com o filho tão ansiosamente esperado.

No entanto, a dama resistira abafando o próprio sorriso de contentamento pelo extremismo do esposo, de modo a infundir acatamento.

– Em verdade, senhora, é manifesto aos olhos de todos em Espanha que o monarca jamais procedeu com tantos extremos de carinho para com uma esposa, qual comporta-se convosco... – consertou dona Maria Messa.

– Está igualmente capacitando-se, junto aos clínicos da corte para acompanhar o nascimento do filho pessoalmente. Não deseja abandoná-la nem por um minuto.

– Que bela e amorosa dedicação jamais vista por parte dos líderes desta terra para com suas esposas! – arrematou dona Tomacita.

– Devo confessar, caras damas, que me sinto a mais venturosa de todas as criaturas na terra, possuindo o melhor dos esposos. Tanta ventura muita vez me leva a pressagiar que algo funesto advirá, em contrapartida...

– Pelos Céus, senhora, não penseis tal coisa! Vossa existência ao lado de nosso monarca será próspera e venturosa...

Elizabetta, acariciando ternamente o ventre, conseguia identificar, em seu próprio coração, em meio a toda aquela alegria, uma sombra de estranha melancolia...

A pequena Isabel Clara Eugênia nasceu, para a alegria dos pais e de toda a nação espanhola, aos doze dias de agosto do ano 1566. O exorbitante amor de Felipe pela filhinha foi imediato e sua dedicação a sua princesinha seria eterna...

O préstito madrilenho acompanhava impressionado a enorme dedicação daquele pai, que em nada se assemelhava ao possante líder nacional, tampouco ao prestigioso e temido político, vencido aos encantos de sua criança.

A nascitura recebeu o nome da avó materna, dona Isabel, cuja lembrança jamais abandonava os dias de Felipe, acompanhado do nome do santo milagreiro, Eugênio, que, segundo a crença geral, apadrinhou o seu nascimento.

Quase seguidamente, Elizabetta concebeu outra criança, que veio a nascer no dia 6 de outubro de 1567, a quem fizeram chamar Catalina Micaela, em honra à adorada genitora de Elizabetta, Catherine de Médici.

Foram aqueles os anos mais jubilosos da vida de Felipe, quando era visto sempre às voltas com suas duas meninas. Era incontestável que aquela união fora o mais sagrado acontecimento na existência do monarca; amava Elizabetta com todo o vigor de sua alma e muitas vezes quedava-se a pensar donde surgira tão superlativo sentimento, que lhe subjugava completamente.

Entretanto, a saúde da jovem francesa parecia definitivamente comprometida: uma febre que jamais cessava e uma estranha languidez tomaram lugar do antigo viço e brilho primaveril nas feições de Elizabetta. Dona Tomacita, que depressa granjeou a confiança do casal por seus nobres valores e sublime religiosidade, solicitou ao monarca lançar mão da oração diária a Jesus Cristo e ao Sacrossanto Coração da Mãe Santa de Jesus, em penhor da estimada patrona. O pai e esposo esmerado, também extremamente votado aos valores da religiosidade, permitiu com simplicidade e sem cerimônias as homilias em benefício de sua esposa, enquanto prometeu também permanecer em terna vigília ao lado de seu leito.

– Ó caro Senhor, muito agradecida por concordar em acompanhar as minhas modestas súplicas por nossa venerada senhora, no entanto quem irá iniciar esse círculo de orações diárias será alguém muito especial e demasiadamente apreciada por vós...

Felipe, intrigado, observou a dama de companhia ausentar-se da câmara da enferma, depois de solicitar licença por alguns instantes... Aproveitou os momentos a sós para beijar longamente a face marmórea da amada companheira, ao mesmo tempo em que lhe acariciava as mãos com infinda ternura. Elizabetta dormia como um ser angelical, já vivendo em outras paragens, o que fez Felipe arrepiar-se e, temeroso, desejar acordá-la rapidamente... Todavia, não ousou, e prosseguiu nos contínuos carinhos, deixando pingar uma lágrima de pesar sobre a face lívida da esposa.

Dona Tomacita, batendo levemente na porta, depressa retornava com uma amiga especial: a monja Teresa Sánchez. A religiosa decidira visitar Madri naquele período de grande lavor, no qual aprovisionava o erguimento dos mosteiros carmelitas de Duruelo e Toledo. Felipe exultou de alegria, abraçando comovidamente a monja, que já granjeara em seu coração uma sincera amizade.

– Monja Teresa, Deus seja louvado! A vossa visita não poderia acontecer em melhor momento! Em vossas recentes missivas não mencionastes esta maravilhosa aparição em Madri!

Felipe, mostrando-se abertamente feliz, beijou as mãos da religiosa, que já blasonava na face cansada mais de meio século de vida, contudo, ainda sustentando uma beleza suave e divinal.

– Meu amigo, não pude deixar de vir quando soube da delicada saúde de nossa querida Elizabetta... – enquanto falava aproximou-se com delicadeza do tálamo da enferma, bastante pálida, beijou-lhe a fronte e acarinhou os cabelos com imensa ternura, fazendo com que Elizabetta despertasse serenamente.

– Querida madre Teresa, Glória a Deus! Estás aqui mesmo ou será que sonho?! Sentai ao meu lado, por favor!

Dona Maria Tomacita, que havia tomado todas as providências, de maneira a informar a monja da delicadeza do momento vivido pelo querido casal, estava radiante e logo ajeitou um assento para a visitante.

A monja carmelita, já devidamente aconchegada à doente, tomou-lhe a destra amigavelmente.

– Minha cara amiga, não vos emocioneis em demasia. Jamais estive distante de vossas lutas e dificuldades, enquanto travo as minhas particulares pelejas, por amor a Jesus Cristo.

"Conforme mencionei, estamos estruturando nas comunidades Duruelo e Toledo cenóbios que incorporar-se-ão à ordem do Carmelo, entretanto, muitas novas ideias têm germinado em minha mente por inspiração do Senhor! Vislumbro o erguimento destes claustros em moldes já bastantes diferentes da ordem tradicional..."

– Interessante, madre Teresa, em que modelos estabelecer-se-ão essas novas abadias, porventura corresponderiam às vossas alusões nas recentes cartas? – interessou-se Felipe.

– Sem dúvida, prezado amigo! Pretendo desobrigar os aderentes dos novos claustros do rigorismo ortodoxal e das excessivas disposições formais, de modo a fixarmos na essência dos ensinamentos de Nosso Senhor Jesus Cristo, aliás, cuja imaculada existência há de ser o nosso maior modelo em seus detalhes mais singulares!

– Que maravilha! Aprecio que todos nós devotos à fé católica deveríamos nos deter mais na essência cristã do que nos paramentos e dogmas, nos formalismos e hierarquias, muitas vezes incompreensíveis... – assegurou Elizabetta já se mostrando bem mais disposta.

– Agarramo-nos aos nossos rosários, dia e noite, repetimos longas orações decoradas, empenhamos promessas incompreensíveis para assegurar a nossa entrada nos céus, contudo, nos singelos testemunhos da vida comum permanecemos ainda tão distantes dos verdadeiros exemplos de Jesus! – assegurou resoluta dona Maria Tomacita Herrera, dama de nobre descendência, que há anos se afeiçoara à bondosa monja carmelita, numa frutuosa amizade.

– Sem dúvida, boa Tomacita! Por estas especialíssimas razões costumo afirmar: a oração e uma vida consagrada não consistem em muito falar, tampouco em apresentar aspectos rígidos de devoção, mas muito amar! Quisera que a reclusão, as aparências e as relações estabelecidas em nossa comunidade dessem verdadeiras notícias de quem realmente somos, mas não é assim... Quem somos, só Deus vê, só Deus conhece...

"Pretendo implantar nestas novas abadias ou nas que estamos reformando uma nova mentalidade congregacional, que tenciono chamar congregação das Carmelitas Descalças. Basta-nos um simples burel, as sandálias de couro, nossos rosários e excessivo amor no coração para servirmos aos nossos irmãos em nome de nosso Pai. Qualquer coisa mais do que isso, vejo como completamente desnecessária."

– Desta forma, precisamos nos movimentar para conseguirmos a anuência papal. Sabemos que tal disposição não será empreitada fácil, entretanto, valendo-me de minha preeminência, estarei sempre pronto a cooperar, tão logo a senhora me convocar, boa madre.

A bela dama, que entregara a vida à devoção e ao labor evangélico, sorriu enternecida, percebendo que Felipe adiantou-se à sua súplica, pois igualmente viera a Madri solicitar-lhe amparo para a nova congregação junto aos rigores pontifícios.

– Estimado amigo, meu coração jubila-se com esta dádiva que me é abonada como um presente de Deus. Sem dúvida, aceito tão valiosa intervenção...

A religiosa, retirando do alforje de couro que sempre carregava em suas jornadas por Jesus Cristo um grosso calhamaço de papéis, asseverou:

– Em reconhecimento a tão significativa oferenda à futura confraria das Carmelitas Descalças, abono-vos estes meus recentes escritos, traçados com a tinta do sentimento mais puro por Jesus! Dei-lhe o título de *Caminho da perfeição*.

Felipe recebeu o saltério das venerandas mãos da monja com os olhos marejados de pranto, empenhando a promessa de lê-lo o quanto antes e guardá-lo como um verdadeiro tesouro.

– Ó boa madre, Jesus vos abençoe a generosidade e o desprendimento, que sempre nos ensinaram tanto! Sois vós quem muito tem nos ensinado e oferecido! – afiançou Elizabetta, lançando-se num abraço emocionado ao regaço da madre e, como o esposo, vertendo lágrimas de carinho e emoção.

– Ó minha preciosa criança, estais queimando em febres! – garantiu Teresa preocupada, assim sentira a face da dama em seu colo.

– Vamos orar ao coração de Jesus Cristo e rogar a Santa Maria Madalena, minha especial protetora, marcada em vida pelas grandes dores e enfermidades por dedicação ao Evangelho, o vosso pronto restabelecimento.

– Agradecida, madre. Sinto-me piorando; novamente padeço vertigens, febre e tremores...

Teresa retirou do burel um rosário rústico de madeira e, segurando-o fervorosamente nas mãos, cerrou os olhos em atitude genuflexa:

– Amado Pastor de nossas vidas, sem a vossa graça e amparo, somos pobres viandantes das pelejas terrenas; porém, ungidos da graça de Deus e fortalecidos por vosso ânimo, tornar-nos-emos verdadeiros colossos, capazes de atravessar o mundo em missão sagrada de fraternidade e amor...

"Nesta hora em que ideais novos nos são inspirados pelos anjos celestes, a nos relembrarem a vossa humildade e completo desapego dos valores materiais, ajuda-nos, Bom Pastor, a seguirmos-vos os lídimos modelos de renúncia, abdicando às estimas ancestralmente arraigadas em nosso comportamento, a vigorarem até mesmo nos alfobres de vossa igreja...

"Abençoai, Divino Esposo, a edificação da nova ordem do Carmelo, que se ergue em exemplos mais castos, modestos e espiritualizantes, para que jamais recrudesçam as nossas forças, ante as afrontas que certamente sobrevirão...

"Abonastes-nos a dádiva da preciosa dedicação dos honoráveis monarcas de nossa nação espanhola, berço fecundo que me destes para as refregas e afazeres espirituais indispensáveis... Que o querido casal e suas preciosas filhinhas possam, nesta hora e sempre, granjear a vossa intercessão magnânima, amorosa e justa, em todos os dias de suas existências...

"Para o excelente amigo e protetor de nossa causa, dom Felipe, coração que abarcou de vossas mãos superlativas responsabilidades diante de incontáveis almas nesta pátria, imploro: alento, coragem, fé e dedicação aos bens celestiais, em favor de todos os seus protegidos...

"Para nossa valiosa dama de Espanha, Elizabetta, que, junto ao querido esposo, sempre se nos afeiçoou à causa, depreco: saúde, força e resistência para persistir nos cuidados às pequeninas filhas, ao amado companheiro, aos dedicados amigos e aos tantos que já lhe dependem da carinhosa proteção...

"Recordamo-nos, agora, daquela vossa sábia exortação: 'vós sois a luz do mundo. Não se pode esconder uma cidade edificada sobre um monte; nem se acende uma candeia para colocá-la debaixo do alqueire, mas no velador, para alumiar a todos que se encontram na casa. Assim brilhe também a vossa luz diante dos homens, para que vejam as vossas boas obras e glorifiquem o vosso pai que está no Céu'.[68] Então depreendemos que a nossa destinação, diante de vós, é fazer refulgir as claridades celestes que jazem potencialmente em cada um nós! Não nos conferistes os dons divinos da sabedoria, da inteligência, do poder, da direção, do amor e das emoções para serem prodigalizados no estreito círculo de nossos afeiçoados e interesses mesquinhos... É preciso alumiar toda a casa, todo o mundo ou a quem pudermos, com os luminescentes valores divinos dinamizados em nossos espíritos e estribados em nossos corações, alteados no velador das consciências retas para todos os seres!"

Todos vertiam lágrimas de puro jubilo espiritual ao findar da rogativa de Teresa Sánchez e sentiam nitidamente diáfana claridade invadir todo o ambiente.

Os amigos abraçaram-se em calorosas e ternas despedidas e, tanto a valorosa monja, quanto dona Tomacita e os monarcas de Espanha resguardariam para sempre no peito a gratidão por aquele encontro venturoso. Teresa partiu levando o reconhecimento e a promessa de seu amigo dileto, Felipe, de secundá-la no que fosse possível, em penhor da nova ordem das Carmelitas Descalças.

Velozmente despontava, outra vez, o mês de outubro do ano seguinte de 1568. A pequenina Catalina Micaela estava próxima de completar um aninho, ao tempo que sua irmãzinha havia aniversariado apenas dois meses passados, perfazendo dois aninhos de vida, quando Elizabetta descobriu-se novamente grávida. No entanto, a jovem dama ,desde o nascimento da graciosa Catalina, quando visitados pela religiosa da ordem do Carmelo, Teresa Sánchez, nunca mais fora a mesma...

[68] Jesus, Mateus 5,14-16.

Felipe temia aquela nova gestação, embora ainda alimentasse o desejo de receber de Deus o seu sonhado herdeiro varão.

Elizabetta sofria ainda as febres, os terríveis tremores, acrescidos agora de desmaios e perda de consciência; não conseguia levantar-se do leito, fazendo crescer a cada dia mais as angústias do rei, que jamais a abandonava. Deliberou levar a esposa e as pequenas filhas para a vivenda de Aranjuez, de modo que a enferma preciosa pudesse fruir de um maior descanso e deleitar-se com os diferentes ares da tumultuosa atmosfera de El Alcázar.

Quando Elizabetta atingiu o terceiro mês de gestação, Felipe recebeu dos exímios clínicos de El Alcázar tristes notícias: a vida da rainha pendia-se por um tênue fio... Afirmaram não ter muito que fazer, a persistência da vida de Elizabetta era mera questão de tempo.

O possante e obstinado Felipe de Espanha, vencedor de tantas guerras, colecionando incontáveis conquistas e senhor de decisões tão extraordinárias, encontrava-se decisivamente derrotado moralmente. Jamais se arredava da orla do leito da esposa, arregimentando mil recursos, em prol da recuperação de sua saúde; mandou buscar especialistas do exterior e ordenou desenvolverem-se novas drogas, mas de coração bastante opresso faceava uma triste realidade: Elizabetta extinguia-se como uma vela bruxuleante e seu alo juvenil cedia lugar, cada vez mais, a um aspecto imensamente pálido e macerado.

No dia 3 de outubro daquele mesmo ano, Elizabetta expulsou um feto de apenas quinze semanas e abeirou de um estado de coma.

Felipe, aos soluços, percebia que sorvia os últimos instantes em companhia da amada esposa; assim exigiu a completa evacuação da câmara, o integral afastamento dos tantos que rodeavam o leito querido, de maneira a ser deixado sozinho com ela:

– Minha querida, minha Elizabetta, ordeno-vos retornar a vida imediatamente!... – suplicava entre soluços.

"Não possuís a autorização para morrerdes no frescor das vinte e duas primaveras, deixando-me órfão de vosso amor... Exijo, voltai para mim, voltai para mim, meu amor...

"Como viverei?... Como prosseguirei sem o vosso doce sorriso sob as latadas de nossos jardins?... Como continuarei sem os vossos afagos em minha face cansada?... Sem o refrigério de vossas palavras que me descansam a mente e a alma constantemente atribulada?...

A filha mais velha de Catherine de Médici, conforme previra *monsieur* Michel de Nostredame, há muitos anos em Paris, partia das paisagens terrenas no verdor das idades.

Agora, completamente alheia ao mundo objetivo, transpunha os umbrais da morte, quando Felipe, num arrojo desesperado, tomou-a num abraço intenso contra o peito, como a doar ao coração adorado o alento de uma nova vida...

– Ingrata, ingrata sois por me abandonardes com nossas pequenas... Como cuidarei das duas meninazinhas sem a mãe generosa, sem o amor que nos sustém?... Como não morrer também?...

Soluçando em grande desesperação e agonia, o pujante Felipe de Espanha testemunhou todo o seu domínio e energia precipitarem-se, ao capturar o derradeiro suspiro exalado dos lábios violáceos de sua eternamente adorada esposa Isabelle de Valois ou Elizabetta de Espanha, a rainha da paz.

Dobrando-se nos joelhos, repousou a cabeça no ventre da mulher amada e, acoplado ao corpo imóvel, em incansável pranto e orações, ali permaneceu até o declínio do dia.

Carlos de Espanha, príncipe das Astúrias, ao ser notificado da grave enfermidade da jovem, que amou com todas as forças de sua alma, bem como a sua saúde estava definitivamente comprometida, num ato de tresloucado desespero colocou um fim à própria desventurada existência, no claustro em que se encontrava, aos poucos vinte e três anos de existência.

14. Felipe II, o Rei Prudente

Pois n'Ele foram criadas todas as coisas, nos céus e sobre a terra, as visíveis e as invisíveis, sejam tronos, sejam soberanias, quer principados, quer potestades. Tudo foi criado por meio d'Ele e para Ele.

(Paulo Colossenses 1,16)

A mosca que pousa no mel não pode voar; a alma que fica presa ao sabor do prazer, sente-se impedida em sua liberdade de evolver.

(João da Cruz)

Enquanto os dolorosos cerimoniais pelas exéquias da rainha de Espanha se davam, simultaneamente acontecia a invasão dos Países Baixos pelo príncipe de Orange, perpetuando-se as suspeitas de traição na corte; inclusive, permanecia o insolvido mistério do acidente de carruagem, do qual Felipe ainda não conseguira desvendar a culpabilidade...

A infausta morte da amada Elizabetta fez com que o derrotado monarca nomeasse o ano de 1568 como *annus horribilis*, posto que jamais sofrera tanto como naquele período, primordialmente pela perda da mulher que mais amou em toda vida. Apenas consolava-lhe a companhia das pequeninas filhas, contando um e dois aninhos:

Catalina Micaela e Isabel Clara Eugênia, os maiores tesouros na existência do monarca espanhol. Nenhum outro filho jamais capturaria do coração do experiente governante tamanha devoção, nem mesmo o futuro herdeiro de Espanha, Felipe III.

A existência de Felipe havia perdido o sentido com a morte inesperada da esposa, deixando-o solitário com duas crianças pequenas...

O homem público, que no decurso de sua vida política havia granjeado tantas nomeações e que desde a mais tenra idade sustentara guerras e conflitos, prostrava-se definitivamente sobrepujado, fazendo com que os mais achegados se angustiassem ao notarem a sua manifesta languidez.

Somente no seio de Deus, em suas leis de justiça e reparação, estão resguardados os motivos das superlativas dores terrenas que laceram os corações em mil pedaços.

No transcurso de seus longos anos de vida, Felipe, rei de Espanha e futuro monarca de Portugal, nação na qual passaria a ser conhecido, a partir do ano 1580, por Felipe I, 'o Prudente', ainda enfrentaria muitas pelejas; contudo, inscreveria com caracteres de fogo o seu nome na galeria dos grandes líderes da humanidade.

Herdeiro do imperador Carlos V e de dona Isabel de Portugal, governou vasto território integrado por Aragón, Castilla, Catalunha, ilhas Canárias, Mallorca, Navarra, Galiza, Valência, Roussillon, Franco-Condado, Países Baixos, Sardenha, Córsega, Sicília, Milão, Nápoles, além dos territórios ultramar situados no continente Africano.

Sua política externa foi vigorosa e temida. Dentre os seus grandes êxitos, destaca-se a vitória contra os otomanos na batalha de Lepanto, no ano de 1571.

Elevou-se ao trono da Inglaterra, por ocasião de seu casamento político com Mary I da Inglaterra, em 25 de julho do ano 1554...

Nos embates contra a arquiinimiga França, saiu exitoso nas batalhas de Saint-Quentin e Gravelines, vitória que gerou um acordo de paz com a nação inimiga, que lhe ofereceu o maior amor de sua vida: Isabelle de Valois...

Com a morte do cardeal-rei dom Henrique, Felipe II, em 1580, anexou Portugal às suas possessões, depois de um grande embate com seu primo, dom Antônio, já reinando Portugal, bem como os territórios ultramarinos, fazendo valer a sua ascendência por parte da mãe, Isabel de Portugal, filha do rei dom Manuel. Nada obstante, é preciso exaltar que Felipe II, num gesto nobre, jamais interferiu na política interna de Portugal, abonando o comando da pátria lusa a um líder nacional...

As guerras contra os Países-Baixos foram fomentadas por interesses políticos e religiosos que redundaram na alforria da Batávia, da Zelândia e das demais Províncias Unidas. A mesma liberdade alcançou a Inglaterra, quando a Espanha foi sobrepujada na derrota da Invencível Armada, no ano de 1588, fatalidade que golpeou drasticamente a imponente Espanha...

Felipe II foi apontado como um rei absolutista, tendo a sua gestão se desenvolvido pelos expedientes dos vários conselheiros e secretários, num comando rigoroso no qual o 'fiscalismo' e o 'centralismo', na pessoa do rei, ditavam ordens. A Inquisição encontrou em seu reinado vasto campo de ação, mormente contra os protestantes...

No entanto, no plano da apreciação espiritual, muitas sociedades terrenas, no círculo das maiores nações da época, se dinamizaram com o contributo desse exímio monarca...

Obras, construções, patrocínios, a favor de mestres e artistas, de escritores e músicos, de teatrólogos e literatos foram alvitres de Felipe II, nomeadamente os favorecimentos à monja carmelita, Teresa Sánchez Cepeda y Ahumada, em prol do erguimento de várias abadias carmelitas...

A construção do colossal El Escorial, junto aos patrocínios ao Carmelo foram projetos que se altearam, em beleza e sublimidade, quando de seu matrimônio com Isabelle de Valois. El Escorial destacar-se-ia como o maior monumento artístico da Espanha.

Do consórcio político com a filha de Maximiliano II da Germânia, Felipe conseguiria o sonhado herdeiro para o trono Espanhol, a quem chamaria, Felipe III de Espanha.

Reconhecido como um dos monarcas mais importantes da história do mundo, Felipe II de Espanha nasceu no ano 1527 e já aos dezesseis anos principiou seus deveres monárquicos, em nome do imperador Carlos I, seu genitor. Não se passariam dez anos e o jovem espanhol, depressa, tornar-se-ia o governador de quase toda a Itália e, posteriormente, da Inglaterra, por casamento. Adiante, ostentaria a preeminência dos domínios de seu pai na Alemanha. Sua quarta e última esposa seria sua própria sobrinha, Anna de Áustria, consórcio realizado no ano de 1570. Ficaram casados somente dez anos, pois Anna foi acometida de uma terrível peste que assolaria aqueles dias. Felipe, com o nascimento de seu herdeiro, fruto deste matrimônio, optaria guardar a solidão até o final de seus dias, depois do decesso desta esposa... Transcorreriam dezoito longos anos de sua vida em completa solidão, nos quais viveria somente em companhia de suas duas filhas com Elizabetta, chegando praticamente a desconhecer a prole de Anna de Áustria.

Catalina Micaela partiu, no ano 1585, para a Itália, de modo a contrair núpcias com o duque da Saboia, entretanto a enorme afeição que unia Isabel Clara Eugênia ao amado pai fê-la acompanhá-lo por toda vida, abrindo mão de quaisquer reivindicações afetivas particulares. Manteve-se, por anos a fio, em dedicação afetuosa e integral, ao seu lado.

A inauguração da magnífica edificação de San Lorenzo de El Escorial – mosteiro, residência e templo – tornou-se o mais festejado acontecimento no seu reinado. No ano 1571, Felipe transformou-o em sua habitação oficial. Apesar disso, as construções somente se abeirariam de seu término quinze anos depois, com a inauguração da abadia.

Felipe resguardou em sua Real Biblioteca do El Escorial, com imenso carinho, o opúsculo redigido por Teresa D'Ávila, *Caminho da perfeição*, finalizado no ano 1566, no claustro de Ávila, confiados a ele pela própria monja. O livro permaneceria inédito ao público, até depois da morte de Teresa Sánchez, tendo as religiosas, carmelitas descalças, unicamente acesso a uma variante reescrita em Toledo.

Enquanto os acontecimentos, na cadência dos anos, tomariam gradualmente lugar na vida do monarca espanhol, os espiões de Felipe chegavam dos Países Baixos com notícias sombrias.

Havia transcorrido dez anos da morte de Elizabetta com o monarca, afundando-se cada vez mais em seus empreendimentos políticos, para não ajuizar na falta da saudosa companheira, tampouco oferecer campo para a destruidora melancolia. Sustentavam-se as antigas dúvidas quanto às responsabilidades do infausto acidente, de quase quinze anos passados, que ceifara a vida da aia, dona Teresa Furtado, e golpeara a finada Elizabetta com um acidente de graves repercussões. Para o agastamento de Felipe, o caso remanescia sem solução. Entretanto, ele não se deixava enganar: os seus articuladores eram pessoas de muita sagacidade e, indubitavelmente, conviventes muito estreitos da corte espanhola.

Nada obstante, a busca pelo descobrimento dos ânimos insurrectos arrolados nos Países Baixos, impetrada há vários anos, desvelaria, de igual forma, para a surpresa do rei, os responsáveis pelo execrando acidente ainda misterioso.

Catalina Micaela, 1585, em pintura de Afonso Sanches Coello, Museu do Prado

Reunido em seu reservado gabinete com delegados especialmente contratados para os misteres da espionagem de traição, graves confidências e comprometedoras anotações seriam depositadas aos ouvidos do monarca:

– Senhor, aqui estão os principais nomes dos desgostosos com as vossas determinações nos Países Baixos, bem como anotações de muitas movimentações suspeitas...

Com certo receio, o líder das ações sigilosas, Juan Escobar Villena, junto aos demais homens encomendados por Felipe para o cuidadoso serviço de investigação, entregou nas mãos do líder espanhol as incriminadoras provas... Dom Villena não hesitava que a revelação da identidade de alguns envolvidos certamente abismaria o líder espanhol.

Felipe, perpassando os olhos celeremente nas laudas, cada vez mais empalidecia e, depois de lê-las, arguiu, com todo zelo:

– Dom Juan Villena, desejo saber se a força militar especial que enviei para esse mandato levou às grades algum desses, em prol das devidas explicações, bem como se receberam os merecidos martírios para apontar possíveis envolvidos, aqui em Madri?

– Evidentemente, senhor! As demais revelações que temos foram arrancadas destes tais; contudo, determinadas personalidades, de alta patente e destacada hierarquia política, não as pudemos intimar sem a vossa superior determinação.

– Pois o meu decreto assino-o nesta hora, dom Juan Villena. Que todos sejam punidos com as próprias vidas pelo crime de traição! Enviarei prontamente uma força especial para prenderem todos os elementos envolvidos.

"Agora desejo os demais esclarecimentos, não relacionados nas declarações."

O procurador, algo embaraçado, baixou o olhar por um instante para depois fitar os companheiros; assumindo coragem, propagou:

– Majestade, os condes Egmont e de Horne, bem como vosso fiel amigo, senhor de Montigny, antes de padecerem sob a espada vingativa do governador d'Alba, confessaram-nos muita coisa...

Vacilante, em face da revelação a ser feita, o homem estacou o verbo.

– Não me venha com suspense, Juan Villena! Vamos, entregai-me todos os nomes!

– Senhor, o vosso finado filho, o príncipe dom Carlos, dentre os implicados, foi dos mais ferrenhos, ao lado dos secretários, Juan de Escobedo e Antonio Pérez...

Felipe estava perplexo e atônito. A vista se lhe turvou por alguns minutos e, sustentado respeitosamente pelo delegado, assentou-se em sua poltrona, de modo a concatenar as ideias...

– Meu bom Deus, quanta sordidez! Que vilania da parte dos secretários em que mais confiei... Quanto a meu filho, isso era de se esperar e confesso que, no íntimo, sempre desconfiei de suas sigilosas ações com o fito de derrubar-me a autoridade; jamais deplorei a sua prisão pelos graves incômodos causados a Elizabetta. Não obstante, Escobedo e Pérez, isso é inaceitável! O genitor de Antonio Pérez por décadas consecutivas foi extremamente sincero na dedicação à nossa casa, desde os tempos de meu pai...

Felipe estava perturbado.

– Que desleal atitude de Escobedo! Instalei-o no secretariado, junto a meu irmão, Juan de Áustria, com a minha completa confiança.

Depois de despachar os seus secretos servidores, o soturno Felipe mandou convocar uma reunião urgente com os seus ministros, bem como ordenou virem os implicados e traidores da pátria, sem que nada estes soubessem.

A esta altura do tempo, encontraremos a altiva dona Ana de Mendoza inteiramente perturbada do juízo. Enviuvara do incorruptível dom Ruy Gómez y Silva há cinco anos, ocasião em que pôde aquilatar o fiel e dedicado companheiro que possuía. Corroída pelos remorsos e amarguras, retirou-se por um período para o mosteiro carmelita da vila de Pastrana, concedido para ela e o esposo, por Felipe.

Como toda boa cortesã, cansada ou arrependida de todos os excessos e descalabros, paixões dissolventes e aventuras inomináveis, recolheu-se numa vida monástica.

O claustro de Pastrana foi inaugurado a 9 de julho de 1569, ganhando ali a definitiva feição da ordem Carmelita Descalça. A paciente monja Teresa, bem como as internas, fez tudo para acomodar os ânimos da voluntariosa princesa d'Éboli, que aportou o lugar carregada de criados, haveres, mobiliários e seus finos trajes, em nada demonstrando almejar entregar-se a uma vida reservada plena dos bens espirituais... Ademais, para o descorçoamento da envelhecida e cansada religiosa, Teresa Sánchez, as visitas dos cortesãos eram constantes, existindo em Pastrana verdadeiros saraus regados a boa comida e bebidas finas. Atuava a infeliz dama como um intermédio das infelizes mentes incorpóreas, que tencionavam extirpar os ardorosos trabalhos da monja carmelita.

A abadessa Isabel de Santo Domingo, superiora em Pastrana, certa feita viu-se obrigada a convocar madre Teresa para tentar, o que ninguém lograra: conter a exaltação da viúva de dom Ruy Gómez. Teresa Sánchez, que jamais estacionava em um só mosteiro, constantemente visitando e fundando novas congregações, logo partiu. Lá chegando, granjeou os mais terríveis impropérios da infeliz cortesã, completamente subjugada pela forças malignas do invisível. Manifestava-se aos urros, qual animal enfurecido, pelos corredores do mosteiro, do qual fanfarreava ser a única proprietária:

– Ora, madre, viestes de tão longe para admoestar-me?... Acaso supondes que acatarei ordens de uma tola perambulante que todos julgam milagreira?... Estais muito enganada?!... Estou em meus domínios e aqui faço o que bem entender. Ninguém possui a autoridade de fazer-me calar ou ordenar-me qualquer coisa... Pois sabei, madre, que o único homem que se capacitou foi um nobre, um príncipe de alta estirpe, e somente a ele me verguei!... Desanimai, de uma vez, de vossas pieguices!

As freiras, a superiora, Isabel de Santo Domingo, e a própria monja Teresa, estavam aterrorizadas e assustadas com atitudes tão desequilibradas; não obstante, a fundadora do monastério sabia reconhecer as atuações tenebrosas e, subitamente, incidiu-lhe uma inspirada ideia: recorrer ao seu amigo, Felipe.

Desta forma, mui velozmente, Ana de Mendoza y la Cerda era arrestada de retorno a Madri com um severo desembargo do rei: "Cumprir-lhe-ia zelar pelos filhos desamparados, em lugar de refugiar-se numa vida monástica."

Contrafeita, embora usasse de todos os ardis para dissuadir Felipe da intransigente ordem, não teve outra opção, senão partir.

Portanto, quando os espiões encontravam-se em reunião com o rei, a princesa d'Éboli já havia transferido as suas tresloucadas atuações de Pastrana para a própria corte; injuriando Felipe, fazendo mexericos, criando alvoroços, destratando criados, numa completa perda do autogoverno, inteiramente dominada por verdadeiros demônios invisíveis.

Nos alvores do ano 1578, encontrava-se Felipe II face a face com alguns elementos suspeitos de conspiração. Com a serenidade conferida pelas idades e pelas dores atrozes, o rei espanhol se dirigiu primeiro e especialmente ao secretário Antonio Pérez, mostrando-lhe as provas de seus envolvimentos traiçoeiros.

– Majestade, por Deus! Não vades acreditando em tudo que vos narram! Há muita falsidade na corte e, não duvido, amigos desejando dilapidar amigos!

Assim defendendo-se, Antonio Pérez, estava seguro de que Juan de Escobedo fora descoberto e constrangido a alguma confissão.

– Pois para a vossa informação, dom Antonio Pérez, não é este o caso! A acusação que vos faço é baseada em mais de quinze anos de investigação e possuo provas cabais de vosso arrolamento nas sublevações dos Países Baixos.

O duque d'Alba, bastante alquebrado e em final de carreira, fitava o réu, com grave austeridade estampada na face.

Percebendo que não conseguiria se safar de situação tão dramática e que granjearia a forca ou a fogueira, deliberou, igualmente, lançar nela todos ao seu redor, num ato de vilania e baixeza.

– Pois bem, Alteza! Vejo que chega a hora das devidas confissões, que já se fazem tardias.

Sob os olhos espantados dos presentes, dom Antonio Pérez, político artificioso e inteligente, preparou o seu discurso incriminatório:

– Confesso, senhor, que estive, de fato, por covardia e fiel amizade ao vosso primogênito, seduzido por ideias inconfessáveis; no entanto, tudo isso já ficou perdido num passado bastante distante...

"Deploro presentemente ter que levantar nomes de pessoas, que até me são caras, por glória à verdade e à lisura, já que esta acareação indubitavelmente levar-me-á à condenação..."

Mais ainda os ânimos se exaltaram e a inquietação se instalou.

– Meu entusiasmo rebelde com relação à governança nos Países Baixos foi assaz passageiro, diferentemente da postura de diversos que continuam a coexistir convosco, ostentando ares de devoção, apesar disso, tentando vos apunhalar pelas costas, num momento azado...

O monarca, impaciente, ordenou:

– Não me interessa a vossa apreciação dos fatos, tampouco a vossa pretensa consternação para com a minha pessoa. Entregue-me tudo o que sabe, rapidamente!

O secretário, sentindo um baque no peito e intimamente bastante atemorizado com a falaciosa incriminação que estava por fazer, prosseguiu:

– Vosso extinto filho, dom Carlos, foi dos insurrectos um dos mais obstinados; coligou-se a ele o barão de Montigny, ao lado do conde Egmont, o duque de Horne, bem como dom Luiz de Requesens e dom Alejandro Farnesio, secretário de vosso irmão, Juan de Áustria... Aderiram a eles os nossos mais próximos: dom Juan de Escobedo e dona Ana de Mendoza y la Cerda, sua amante de muitas décadas.

Escobedo, atônito, havia sido atingido, em cheio, pela vil traição, partindo feito louco para estrangular o falacioso secretário, causando um enorme tumulto e sendo retirado, à força, do recinto pela guarda de Felipe.

Ao ser arrastado para fora, gritava feito alucinado:

– Queimareis nas chamas do inferno, ignóbil mentiroso!... Confessai também as vossas torpezas! Vamos, covarde!... Falai igualmente de vosso enrustido idílio com a viúva de dom Ruy Gómez!... Acaso pensais que eu nunca soube que a desprezível mulher utilizava-nos, a ambos?... Infame! Velhaco! Pagareis pela vossa língua ferina, vereis!...

Em algo o infeliz Juan de Escobedo encontrava-se completamente correto: nos últimos tempos, Ana de Mendoza, no auge do descontrole emocional, confidenciou muita coisa importante aos secretários que persistiam seus amantes, por isso Antonio Pérez detinha valiosíssimas informações e desferiria o golpe fatal no ex-amigo:

– Lastimo, majestade, que para se defender o pobre Juan de Escobedo necessite acusar! Assumo minhas culpas, mas somente minhas culpas... Inclusive, reconheço que me rendi aos encantos da inconstante princesa d'Éboli, mas somente depois de sua viuvez. Tal foi a dedicação amorosa da princesa d'Éboli, que ela, em confiança, segredou-me tudo o que lhe oprimia a alma...

O filho do antigo ministro de Carlos V e honrado servidor de Felipe II, dom Gonzalo Pérez, na teatral armação, persistia tentando livrar-se definitivamente da morte, ao mesmo tempo, num grande golpe de argúcia, tencionaria retirar as atenções de Felipe das traições nos Países Baixos...

– Vamos, Antonio Pérez, sou todo ouvidos!

– Se eu logo me arrependi do perspicaz envolvimento de vosso filho, volvendo rápido à minha sagrada posição de servidor leal, os demais persistiram nas infames urdiduras...

"Obrigo-me a declarar que, na carência da desesperadora viuvez, dona Ana de Mendoza depositou aos meus segredos outra infame trama, pactuada entre ela e Juan de Escobedo, visando o assassinato de nossa venerável e saudosa, rainha Elizabetta, no acidente que ficou encoberto por tanto tempo."

Antonio Perez, propositadamente e com grande astúcia, tentava mudar o foco das atenções de Felipe, propagando a bombástica revelação.

– O que me dizeis, Antonio Pérez? – inquiriu o monarca em evidente inquietação.

– Certamente, senhor, o que ouvistes! Escobedo contratou o infeliz ébrio, agora morto, para sabotar a carruagem da finada rainha, em nome de dona Ana de Mendoza, correspondendo-lhe ao irrefreado ciúme e à avassaladora paixão por vossa alteza – perdoai-me a franqueza, mas isso é do conhecimento de toda Corte... Depois, agenciou a delação do miserável ao tribunal santo. O restante todos vós sabeis...

– Deus dos Céus! Tardiamente tomo conhecimento de tão horripilante trama em minhas próprias barbas! – murmurou o governante, abismado e sem conseguir ainda concatenar as ideias.

Numa súbita e incontrolável resolução, avançou tomando a pena e, numa fúria incontida, pelos anos que padeceu na enganação, assinou o decreto de morte de Juan de Escobedo e o perpétuo banimento da duquesa de Pastrana, Ana de Mendoza, pelo resto de sua existência, em seu sonhado mosteiro de Pastrana, onde deveria viver segregada sem pisar fora de suas soleiras, diuturnamente vigiada por guardas.

Juan de Escobedo foi morto no dia 31 de março de 1578, sob condenação de alta traição, mas Antonio Pérez levaria para a eternidade uma consciência tisnada e bastante comprometida, sendo convidado a expiar, no futuro, a comprometedora trama diabólica.

15. Passado e Presente em El Escorial

Disse-lhes Jesus: – Eu sou a Ressurreição e a Vida. Quem crê em mim, ainda que morra viverá; e todo o que vive e crê em mim, não morrerá eternamente. Crês isto?

(Jesus, João 11,25-26)

Ó estandarte, em cujo amparo
O mais fraco será forte!
Ó vida de nossa morte,
Que o amor faz ressuscitar!

(Teresa d'Ávila)

As estações se esgotaram na brevidade de uma manhã chuvosa de primavera; tudo estava irremediavelmente sepultado no passado: os anos de glória, as expressivas conquistas, as esposas mortas, o maior prestígio que a Espanha havia conhecido e a grande autoridade...

Setenta anos havia transcorrido na brevidade de um beijo translúcido de favônio tépido... O velho monarca, através da grande vidraça de seus aposentos em El Escorial, admirava a soberba paisagem circunjacente engolfado em suas sagradas memórias e lancinantes saudades.

Complexo de El Escorial, em San Lorenzo de El Escorial, em pintura de Michel Ange Houasse

Depois que a amada Elizabetta se fora, tudo em sua vida havia perdido o sentido, contudo as pressões dos ministros e dos chefes de estado incidiram no sentido de uma nova aliança conjugal, visando o persistente anseio de um herdeiro...

Naquela manhã, nos vespertinos dias de sua pródiga existência, Felipe recapitulava o quanto lhe decaíra o alento ao sepultar a esposa francesa, entregando-se, sem medidas, às filhas adoradas. Cada singular detalhe de sua afanosa e pujante vida pública emergia em seus mais insignificantes detalhes... Cotejava na mente cansada, deslizando as pontas dos dedos enrugados na fronte vincada pelas décadas, como a extrair as pérolas raras das lembranças, o quanto a governança de Espanha havia lhe cobrado o altíssimo preço de esquecer completamente a si mesmo... Repesava o quanto tivera que acatar desde a infância as disposições, normas e arranjos monárquicos, tendo que, ao finar-se Elizabetta, examinar o nome de *mademoiselle* Marguerite de Valois, irmã da esposa morta, bem como o da espanhola Anna de Áustria, sua própria sobrinha, de modo a atender ao legado monárquico... Com enfado, ao dirigir-se a Maximiliano II, seu primo, proferiu em documento a frase que se tornaria célebre, desnudando o seu pésimo estado de espírito:

"*Si se atuviera a su satisfacción personal seguiría como estaba; pero teniendo tan pocos herederos y ningún varón, se alegraba por el bien de su reino del ofrecimiento que se le hacía.*"

Ou seja: "se atendesse à sua satisfação pessoal seguiria como estava; mas tendo tão poucos herdeiros e nenhum varão, se alegrava para o bem de seu reino no oferecimento que lhe faziam."

Reprimindo o próprio luto e a imensa dor pela perda da consorte adorada, acatou, como sempre, as regras governamentais. Assim sendo, no viço dos quarenta e dois anos de idade, viu-se constrangido a eleger uma das duas candidatas apresentadas, de maneira a preencher, ao seu lado, o trono hispânico. Contudo, repesou que jamais seria capaz de uma aliança com Marguerite; nunca se constrangeria à irmã da única mulher que amou, bem como em nenhum aspecto ela poderia suprir suas reservadas amarguras e lembranças. Desta forma, optou por Anna, filha de seu cunhado Maximiliano II e de sua irmã consanguínea, convencido pelas hábeis argumentações e apontamentos de seus ministros...

Uma das fortes alegações era a evidência de que a jovem certamente geraria uma grande prole, visto que a própria mãe dera à luz mais de uma dúzia de filhos... Seguramente o esperado herdeiro varão chegaria para a prestigiosa Espanha, além do mais, Anna falava espanhol, conhecia as possessões de sua terra pátria, o que causaria menos embaraços possíveis.

As meninazinhas Isabel Clara Eugênia e Catalina Micaela, ao serem informadas pelas aias que a mãezinha havia voltado do céu, retrucaram com inteligência: – Mas mamãe tem cabelos e olhos negros, não ruivos.

Felipe padecia dores terríveis em decorrência do mal de gota, trazia as articulações de seu corpo bastante inflamadas e inchadas, assim como a mão direita definitivamente imóvel e retorcida pela artrose, contudo, nunca estava desamparado de seus pajens, que o obrigaram a voltar ao leito.

Secando com discrição as lágrimas que pendiam pela face enrugada, anuiu. Caminhando lentamente, sustido pelos diligentes servidores, não deixava de prosseguir afundado nas mais caras memórias.

Enquanto os criados afofavam-lhe os travesseiros e cobriam-lhe especialmente os pés, o monarca revia no painel da memória, passadas três décadas, a própria rogativa, assentada junto aos ministros, de guardar dois anos de luto por Elizabetta antes de um novo consórcio, ao mesmo tempo, pelo firme desígnio de estar mais exclusivamente com as pequenas filhas. Deste modo, o seu novo casamento dar-se-ia aproximados dois anos depois e, de fato, ofereceu-lhe uma numerosa prole, dentre ela, o herdeiro à coroa espanhola: o futuro Felipe III.

A súplica da devotada governanta, com feições preocupadas à orla do leito, quebrou o silêncio íntimo de Felipe, fazendo-o regressar ao presente:

– Senhor, tomai o vosso medicamento e procurai repousar por um pouco! – insistiu a amorosa e constante dona Maria Tomacita

Herrera, que não lhe abandonava um só minuto, já ostentando uma encanecida cabeleira.

– Sim, cara dona Tomacita! Estava a lembrar dos velhos tempos!...

– A morte só existe em nossa mente, meu rei. Os verdadeiros amores de nossa alma jamais morrem, nunca dormem num passado irresgatável; ao contrário, estão sempre intensamente conosco! Assim tenho vivido com minhas convicções. Nunca sepultei nossa adorada criança, nunca ela se foi para o meu coração!

Segurando fortemente a mão da dama, o enfermo balbuciou com timbre entrecortado de soluços:

– Jamais ouvi tamanha verdade, boa Tomacita. A gigantesca saudade, bem rápido, demonstrou o tamanho de meu amor por Elizabetta, assim como sua constante presença nos menores atos de minha vida, nestes últimos trinta anos. Nunca a senti morta, nunca a percebi distante; inversamente, ainda hoje sinto o seu aroma, sua voz, seu toque suave em minha face...

A antiga servidora, secando discretamente as lágrimas, anotou com bondade aos ouvidos de seu querido amigo e patrono um aviso:

– Bom, agora vou oferecer-vos uma ótima notícia, já que estais medicado e sereno, para que a grande emoção advinda de minhas novas não venha a comprometer o vosso tratamento.

O velho homem, com um olhar de espanto, não ousou arriscar nenhum palpite; todavia, no imo da alma desejava fosse o que esperava ansiosamente...

– Falai, Tomacita. Não me mateis antes da hora!

– Recebemos uma mensagem de Isabel Clara Eugênia, notificando-nos que chega amanhã, com a promessa de não vos deixar nenhum segundo! Traz um coração repleto de saudade e carinho!

– Ó meu Deus! Melhor informação do que esta não poderia existir! Verei minha querida filha, abraçarei minha querida filhinha...

– Certamente, meu Senhor! Ela somente se afastou atendendo ao vosso único desejo de visitar o arquiduque Alberto de Áustria, com o qual desejais que ela ajuste um matrimônio.

– Sem dúvida, dona Tomacita, não posso mais permitir à jovem uma existência de solidão, tendo-me entregue amorosamente trinta e dois anos de sua valiosa existência. Agora necessita construir a própria vida e gerar a sua descendência.

O palácio e santuário de El Escorial era uma concepção arquitetônica jamais vista em toda Espanha.

Sua idealização surge com a vitória sobre o rei da França, Henri II, na batalha de Saint-Quentin, que forçou a nação rival ao já mencionado tratado de Cateau-Cambrésis.

Felipe II ambicionou o erguimento do imponente mausoléu, de modo a imortalizá-lo, concomitantemente, interatuando como sede de governo e túmulo, para sua nobre ascendência. Junto a tudo isso, a concepção do monarca visava a edificação de uma portentosa biblioteca, contendo raros volumes da literatura mundial; assim sendo, El Escorial tornou-se, ao longo das décadas, um eremitério para Felipe II, um desafio sobre-humano de estender-se além da terra!

O monastério blasonava um primor em suas proporções e equilíbrio, austero e sacro; em tudo rememorava as gigantescas construções egipcianas. Deste modo, o alento do governante espanhol muito se assemelhava ao dos admiráveis faraós egípcios.

El Escorial foi erguido ao peso de inomináveis labores, engastado magnificamente na encosta do monte Abantos, na serra de Guadarrama...

Qual a grande pirâmide do faraó Queóps; qual a soberba esfinge de Gizé; qual o magnífico templo de Abu Simbel, genialidade do grande Ramsés II; El Escorial dominava com soberania toda a paisagem...

A edificação era um colossal quadrilátero de granito e xisto, em cuja fachada ostentava um conjunto de belíssimas colunas com dezesseis pátios, quinze claustros, incontáveis janelas e portais, bem como quilômetros de corredores. Um soberbo corpo de colunas projetava a escultura de são Lorenzo e o brasão imperial. O primeiro grande vestíbulo, logo à entrada, recepcionando a belíssima basílica ao fundo, recebeu o nome de antessala da Eternidade, o que fez dezenas de centenas de ministros, cortesãos e estrangeiros perguntarem-se de onde havia o monarca retirado tais fabulosas percepções arquitetônicas, tão semelhantes aos magníficos Templos de Milhões de Anos dos antigos egípcios.

O paço de Escorial, construído completamente em granito, um misto de castelo, mausoléu e basílica, passaria a ser apontado, junto com as pirâmides e a outros importantes monumentos da humanidade, como uma das maravilhas arquitetônicas do mundo.

Em suas magníficas circunjacências naturais, abundantes de perfumados pinhais e enormes castanheiras, a mais de mil metros de altura, alvejava esta indescritível fundação apontada pelos tempos sem fim como "a cadeira de Felipe II".

Isabel Clara Eugênia finalmente chegava para a alegria do angustiado genitor e, de fato, não o deixou um único minuto, atendendolhe às mais simples necessidades.

Na manhã do dia 12 de setembro de 1598, aos setenta e um anos, Felipe parecia verdadeiramente sucumbido. Isabel ao seu lado buscava reanimá-lo.

– Papai, permanecei confiante! – suplicou a jovem dama com extrema ternura, beijando a fronte do genitor amado e acarinhando-lhe a cabeça encanecida.

– Minha querida, meu tempo é chegado! Nada mais me interessa na terra. Sabei que estou preparado para a grande jornada para o seio do Senhor. Queira Deus eu possa encontrar vossa preciosa mãe, a única que conseguiu arrancar de meu peito lídimos suspiros e um verdadeiro amor! Nenhuma outra o fez, querida Isabel! Nenhuma outra jamais o fez!...

"De todos os meus filhos, vós e Catalina Micaela constituem meus maiores tesouros; isso é sabido por meus ministros, invejado pela maioria e constantemente motivo de acirradas celeumas políticas... Bom, mas tudo agora é passado. Quisera deixar-vos o trono de Espanha! Possuís todos os atributos, sois merecedora e, embora, fosse esse de contínuo o meu anseio, infelizmente não consegui..."

Secando as lágrimas que vertiam abundantes, a bela dama repousou a face no ombro do pai, num longo abraço de ternura. Amava-o com todas as forças de sua alma, sempre o amou daquela forma exorbitante, desde a distante meninice...

– Papai, por Deus, deixai de amarguras! Consecutivamente possuímos, eu e Catalina, o vosso ardoroso amor e dedicação. O que mais poderíamos almejar?... Ademais, tenho sonhado muito com mamãe, em minhas recentes noites aqui em El Escorial. A despeito de não tê-la conhecido verdadeiramente... Vejo-a em meus sonhos mais linda do que nas grandes telas de pintura em vosso gabinete, alvitre do talento da exímia amiga e mestra, Anguissola, que com sensibilidade soube manter mamãe viva em nossas memórias...

"Em meus enleios noturnos, sinto vivíssima a sua grande dedicação, ouço sua palavra de arrimo, recebo seu calor em abraços ternos, como se eu os granjeasse genuinamente."

Sem conter o pranto que vazava copiosamente, Felipe, sugerindo já divisar diferentes paragens de um mundo não mais material, afirmou:

– Eu também tenho me encontrado com ela em meus sonhos! Que coincidência, minha filha! Mormente nestes últimos meses. Será que ela virá me buscar?!

– Certamente, papai!

– Confidencio-vos, valiosa Isabel, que chamo a parte mais bela destes grandes parques verdes e floridos de El Escorial, ao redor de nossa casa, de jardins de Elizabetta. Neste estágio de minha velhice, o quanto pude, caminhei incontáveis vezes entre os corredores floridos dos jardins, acariciando os delicados narcisos, as papoulas, as gazânias multicores, as arálias sempre viçosas e as delicadas violas tricolores que tanto Elizabetta apreciava... Nunca havia me permitido procedimento tão singelo, ao mesmo tempo, tão magnificamente repleto de sentimentos e belezas... Orei incontáveis vezes nesses passeios, solitariamente, assentado debaixo dos caramanchões perfumados arrebentando em flores, com um tamanho fervor, que não me recordo de assim tê-lo feito antes...

"Quando prometi a sua mãe que nomearia estes vergéis com seu nome, hortos que tristemente ela não conheceu, certamente intenções superiores preparavam-me um precioso lugar de meditação para atravessar, mais sensível, os umbrais da morte... Local delicadíssimo no qual, pelo amor a ela, pensaria mais em Deus e no sentido profundo da existência...

Num suspiro de indizível amargura o ancião prosseguiu sob o olhar úmido da filha:

– Tampouco nossa saudosa Elizabetta conheceu essa tão idealizada residência, embora tenha me acompanhado até aqui muitas vezes, nos períodos de construção...

"Certa feita, alvitrou alguns nomes para determinadas instalações e eu a obedeci rigidamente... Estava radiante nesse dia fresco de primavera, como um anjo descido do empíreo celeste. Como eu a amava...

"Solicitou a construção da antessala da Eternidade, legou grandes recomendações para a edificação da biblioteca e pessoalmente esquadrinhou as centenas dos preciosos clássicos a serem recolhidos no acervo real, bem como acedeu com o nome de jardins dos Pequenos Frades ao grande pomar que conheceis, contíguo à nossa casa."

– Ó papai, quisera ter conhecido uma afeição igual a esta, um amor com o vosso por mamãe. Quisera ter tido o privilégio de ser amada com tanto ardor, conforme a amastes!

– Minha querida, vós sois imensamente amada por mim, igualmente fostes adorada por ela! Imaginais o sofrimento daquele coração ao ter que vos deixar aos dois aninhos de vida?

A jovem senhora, ainda estirada ao lado do pai, com a cabeça em seu regaço, nada disse, capturando no coração emoções tão valiosas. Adormeceu junto dele, qual criança protegida no abraço daquele que sempre significou tanto para o seu coração: o mais seguro arrimo e o mais autêntico bem.

Os olhos enternecidos de dona Tomacita Herrera pousaram sobre as duas almas queridas, abraçadas serenamente sobre o leito. Entre sussurros, ordenou aos pajens a completa evacuação da câmara; dessa forma pai e filha romperam a madrugada unidos pela afeição imortal.

Isabel, agora desprendida do corpo denso, viu-se na feição de sua infância, aos dois aninhos de idade, quando da perda da mãe. Corria pelos corredores do paço de Segóvia, brincava nos jardins da casa de

Toledo e depois se percebia ao colo da genitora em seus aposentos de Madri, queridos locais de seus primeiros anos de vida...

De repente, num lampejo de segundos, Isabel devassou toda a sua existência até aqueles dias: seu festejado nascimento no dia 12 de agosto de 1566, em Valsaín, Segóvia, nas paisagens de Castilla, depois das grandes agonias físicas de sua mãe, quando lhe deram o nome Isabel Clara Eugênia de Habsburgo, infanta de Espanha e arquiduquesa de Áustria...

Depois do assassinato de seu tio, Edouard-Alexandre de Valois ou Henri III de França, apunhalado por um religioso fanático, seu pai impetrara severos atos políticos, decretando os direitos da filha à coroa francesa. Nada obstante, seus esforços foram infrutíferos, porquanto a mesma requisição fora feita pelo huguenote dom Henrique de Bourbon; ademais, pela lei sálica, sua mãe, Isabelle de Valois, abdicara a quaisquer primazias ao trono francês quando de seu matrimônio com seu pai...

Isabel, pairando em espírito num agradável repositório de lembranças, tão nítidas como um céu cristalino de verão, revia as ações de seu pai que proporcionaram a união de católicos e huguenotes franceses contra a soberania estrangeira, promovendo o fim das contendas religiosas e a ascensão ao trono do espanhol, Henrique IV de Navarra.

Nas visões magníficas dos folguedos de sua infância repentinamente, comocionou-se com um doce chamado... Passou a capturar nitidamente uma voz afetuosa a chamar-lhe o nome:

"Isabel, meu amor, venha para mamãe! Venha para os meu braços!"

Estupefata, sem saber se era criança ou adulta, prorrompeu em correia para o colo da mãezinha que via linda como um anjo... Beijou-lhe a face repetidas vezes, abraçou-a, outras tantas, desejando nunca mais abandonar aquele regaço amado, do qual fluíra tão pouco tempo.

– Ó mamãe, quanta saudade! Será que sonho? Mas que imaginação admirável seria esta, cuja vivacidade extrapola a própria realidade?!...

– A vida não cessa jamais, minha filha! Deus, em sua infinda misericórdia, nos oferece sempre novas oportunidades...

"Minha filhinha adorada, é chegado o tempo do retorno de vosso pai ao lar verdadeiro, onde um dia também nós estaremos à vossa espera para fruirmos o convívio que a vida nos ceifou prematuramente... Contudo, querida, desejo que nunca vos esqueçais de que os desígnios de Deus jamais são injustos."

Atravessando os umbrais da câmara de Felipe II, os dois perfis etéreos vislumbraram a silhueta do monarca de pé, ao lado da cama, formoso e saudável, qual em seus trinta e poucos anos de existência, período de seu casamento com a menina Isabelle de Valois. Seu sorriso trazia o brilho das estrelas e de seu tórax exalava uma energia poderosa, o vigor do amor que jamais morre...

O ex-monarca, em total encantamento, fitava enternecido os amores de seu coração e, sem hesitar, avançou ao encontro delas, deixando para trás as valiosas possessões e lauréis terrenos...

Sorriu com ternura à dama translúcida, segurando ao colo a filhinha, ávido por seu abraço... Estendeu-lhe sofregamente os braços e arremessou-se jubiloso em direção aos seus genuínos tesouros, aos maiores bens de sua existência, abandonando para sempre o corpo hirto sobre o leito, naquela madrugada fria do dia 13 de setembro, em El Escorial.

Isabella Clara Eugenia, 1599, em pintura de Juan Pantoja de la Cruz

16. Epílogo – A Excelsa Glória do Recomeço

> E ao que demandar convosco e vos tirar a túnica, deixai com ele também a capa. Se alguém vos obrigar a caminhar uma milha, vades com ele duas. Dai a quem vos pede e não volteis às costas para quem vos pede emprestado.
>
> (Jesus, Mateus 5,40-42)

> Tende sempre na memória o que Nosso Senhor diz no *Evangelho*: "aquele dentre vós que quiser ser o maior, será aquele o que vos servirá, e aquele que quiser ser o primeiro, será o servidor dos outros".
>
> (Teresa d'Ávila)

A antiga dama de Espanha, secundando espíritos afáveis e qualificados para aquele específico mister, terminava a visitação socorrista à filha e ao amado esposo, que acabava de romper os últimos liames tênues com o arcabouço físico, esgotado e vencido, regressando em profundo torpor à vida verdadeira.

A diligente dona Maria Tomacita Herrera, na aurora do novo dia, adentrando de mansinho no quarto, constatou o inevitável e, ante a cena tão dramática e comovedora, acorreu em soluços e afobação para avisar a todos que descobrira o corpo sem vida do monarca espanhol ao lado da filha adormecida.

As exéquias do grande monarca de Espanha transcorreram, qual a de todo líder de governo: aparatosa e com infindáveis presenças de políticos, chefes de estado, embaixadores de nações distantes, cortesãos, enfim, todas as autoridades de Espanha e as maiores estrangeiras, sendo Isabel Clara Eugênia, ladeada pelos demais irmãos, quem recepcionou a todos para a missa oficial de sepultamento.

Vencidos aqueles acontecimentos, tão dolorosos e patéticos para os que ainda sorviam as experiências na matéria, Elizabetta, no plano indevassável da existência e na condição de espírito liberto, deliberou percorrer todas as cariciosas paisagens, cidades e moradias nobres de Espanha, numa excursão melancólica e repleta de infindas recordações felizes.

A despeito do tratado político que, forçosamente, a conduzira às terras hispânicas, aquela nação verdadeiramente fora eleita, pelo coração, como lar, amando intensamente seus costumes, seu povo, suas tradições e os sagrados interesses de seus líderes. Depois da cariciosa excursão, plena de valiosas recordações, deslocou-se para o saudoso torrão francês, que a acolheu em nascimento quase trinta anos passados.

As almas deambulantes, em seu estado natural, costumeiramente acorrem às paisagens mais caras aos seus corações, por esta razão, Isabelle de Valois, ocasionalmente, tornava ao castelo de sua infância, tão dolorosamente marcado pelas ignominiosas deliberações...

Como fizera há vinte e cinco anos daqueles dias, na fatídica comemoração de são Bartolomeu, outra vez adentrava os portais da cidade que parecia sorver um dia normal, como qualquer outro.

Decaía a tarde quando o perfil etéreo venceu os limites do Louvre, buscando auscultar de suas paredes, salões e extensos corredores os seus antigos segredos...

Rasgando as delimitações físicas do palácio, visitou a sala oficial do trono, cada cômodo e salão dos folguedos de sua infância, cada recanto e jardim, acariciando ternamente as velhas mobílias...

Tudo havia passado na casa palaciana, tudo era silenciosa memória, tudo que, em outro tempo, ostentava tamanho fastígio e glória, encontrava-se abandonado dos risos de seus preciosos irmãos; da movimentação dos servidores; da lufa-lufa das autoridades, atendendo às instâncias e desembargos da arrogante Catherine de Médici...

Todos se foram, todos deixaram no pó rude do solo os corpos temporários, de maneira a volverem a novos ensaios reencarnatórios.

No entanto, excessivos rumores bizarros, descomunais lamentos doridos e exorbitantes sofrimentos haviam se instalado no psiquismo daquele suntuoso local, parecendo assombrá-lo por toda eternidade...

A antiga herdeira da altiva grei Valois-Angoulême recordou sua boda, tão importante para os interesses de França, aos poucos treze anos de idade, vislumbrando, outra vez, com extrema nitidez à sua frente. o sorriso prazenteiro da zelosa genitora, a quem sempre amou e respeitou. Administrou no seu tempo, de caráter não diferente dos demais líderes de outras nações, adotando decisões usuais numa temporada histórica de manifesta insensibilidade, ambição e domínio, posturas absolutamente comuns nas gestões de diversos governantes, em face dos interesses de suas pátrias... Sobrelevou sua força, poder e primazia como rainha de uma fabulosa nação. Com suas viciosas tendências de caráter e avidez pelo comando, dirigiu a vida pública francesa com mão-de-ferro, assinalando a sorte de milhares de almas e marcando tristemente o seu nome na história das sociedades humanas... Entretanto, continuamente, como mãe diligente e cuidadosa, buscava assegurar o mundo, como se pudesse, à sua preciosíssima prole...

Quem condena a presunçosa Catarina de Médici? Se Deus não o faz, nem a ela, nem a ninguém, jactar-se-ia alguém em condená-la?...

"Aquele dentre vós que estiver sem pecados lance a primeira pedra",[69] quem não terá que prestar contas ao Criador das grandes ou pequenas culpas?...

No entanto, as leis supremas com propriedade ajustam todas as coisas e, cedo ou tarde, cada um terá que restituir à vida e aos semelhantes os bens morais e materiais que deles ceifou...

Num enigmático transe, enquanto engolfava-se naquelas memórias banhada em lágrimas, a verterem profusas, qual se estivesse secundada por inteligências superiores e indevassáveis, guindando-lhe as ideias na incursão à terra querida... repentinamente, observou

[69] Jesus, João 8,7

estupefata uma grande tela abrir-se à sua frente e nela testemunhou a querida genitora, em indistinguíveis tempos futuros, vencida pelo peso das idades e das agruras morais, espirituais e físicas, caminhando pelos logradouros de um país desconhecido...

Vestida em diferente roupagem carnal, sustentaria uma saúde comprometida, sugerindo que carpiria uma vida complexa, plena de conflitos íntimos. A senhora observada por seus olhos assombrados, no painel magnífico, que escondia em si mesma a amada genitora, aludia encorpar nesses distantes dias do futuro família assaz complexa e plena de desafios existenciais, sendo completamente solitária, bem como indicava ser prisioneira de graves disfunções intelectuais...

Isabelle firmou as percepções mentais, de modo a lançá-las naquela posteridade enigmática, averiguando os caminhos pelos quais a mãe peregrinaria, por injunção dos severos compromissos, diante dos ditames divinos. Constatou-a inserida num cotidiano bastante habitual e marcada por toda uma existência de lutas interiores...

Por fim, acompanhava, através do evento extraordinário, o abrolhar de um futuro longínquo, enigmático, desconhecido... Notou a ex-rainha de França, antes arrogante e rígida, cortando as alamedas singelas de uma urbe ignorada... Ressalvou-a adentrando num grupamento religioso estranho, no qual homilias eram elevadas a Deus e o fraternal aconchego dos aderentes de uma doutrina desconhecida alteavam-se como único e legítimo bem na vida da antiga Catherine, a duquesa de Urbino.

Assim como o painel formou-se deslumbrante, desfez-se, e Isabelle, secando o pranto emocionado, prosseguiu inspecionando os recantos de suas brincadeiras infantis, ao lado dos irmãos queridos; entretanto, apenas ecoava por todos os espaços um sinistro eco de tristeza e gélido desamparo.

Qual se extensas e curiosas laudas estivessem documentadas magneticamente na história da residência, assaz imponente em outros tempos, principiou a monologar como leitora daquela narrativa ou, quem sabe, intermediária inconsciente das referências energéticas das ações impregnadas nos espaços, referentes às vidas que ali passaram:

"François II de França, filho de Henri II e Catherine de Médici, possuindo uma saúde continuamente comprometida e depois de padecer sofrimentos atrozes, extinguiu-se para a vida física aos poucos dezesseis anos de vida... Não conseguiu empreender uma legítima governança sobre seu país, consumido pela debilidade orgânica...

"Isabelle de Valois, partiu de França aos catorze anos de idade, encomendada ao poderoso monarca de Espanha, Felipe II, esposo que amou enormemente por toda a existência, padeceu de parto no verdor dos vinte e três anos de idade...

"Claude de Valois casou-se com Carlos II, duque de Lorena, alma cândida e bondosa, morreu aos vinte e oito anos...

"Louis de Valois nasceu e aturou um único dia, por misericórdia de Deus...

"Charles-Maximilien de Valois, alteou-se às grandes responsabilidades monárquicas, como Charles ou Carlos II de França, no entanto, mente frágil e inseguro, quedou-se em inadvertências clamorosas. Por suas decisões arbitrárias, autorizou a chacina na festiva Noite de São Bartolomeu. Sem embargo de tal decreto ter sido acondicionado pela sagacidade da própria genitora, o rapaz não se exoneraria de gravíssimos débitos, em face das leis eternas, tornando-se responsável por milhares de assassinatos em toda França. Findou seus dias na terra convulsionado pela loucura, pelas opressões espirituais e encharcado de medicações a comprometerem-lhe ainda mais drasticamente a saúde mental e física. Extenuou-se para a existência física aos vinte e quatro anos, no frescor das idades, defendendo-se dos magotes de almas que o açodavam e perseguiam, em sanha vingativa...

"Edouard-Alexandre de Valois, o duque de Guise, mais tarde elevado ao domínio do trono francês, passaria a ser conhecido por Henri III de França. Foi este quem deteve os maiores amores da rainha-mãe. Depois de levar uma existência completamente dissoluta, arruinando o tesouro real, comprometeu-se gravemente no morticínio de São Bartolomeu, ao qual se entregou exultante, ceifando com as próprias mãos incontáveis vidas. Morreu apunhalado pelo monge Jacques Clément, aos breves trinta e oitos anos de idade...

"Marguerite de Valois, duquesa d'Étampes, filha mais jovem de Catherine e Henri de França, esteve na iminência de ser oferecida em casamento a Felipe II de Espanha, posteriormente ao decesso de sua irmã Isabelle, ao que Felipe não anuiu. Em mais um artifício político, foi aparelhado o seu consórcio com um diferente espanhol, Henrique III de Navarra, constrangido a abjurar a sua crença protestante para o arranjado matrimônio. Jovem de vida afetiva desregrada, Marguerite, foi forçada a essa interesseira aliança, a qual sempre repudiou, não abdicando aos ensejos de entregar-se em ardores apaixonados a políticos, burgueses ou meros cavalariços, a eles conferindo as suas emoções mais sagradas, sem ajuizar na dignidade de sua posição. No dia de suas bodas com Henrique III de Bourbon e Navarra, quando Paris repletava-se de convivas huguenotes, foi perpetrado o nefando decreto de genocídio contra eles, no maior banho de sangue que Paris já conheceu. A vida da *mademoiselle* francesa ficaria eternamente atrelada a esse acontecimento doloroso, de imensuráveis proporções. Depois do assassinado de seu querido irmão, Henri III de França, o duque de Guise, o esposo subiu ao trono francês com a titulação de Henri IV de França, inaugurando a dinastia Bourbon, em lugar da extinta Valois. Marguerite de Valois foi abandonada poucos anos depois pelo cônjuge espanhol, que buscou a anulação do casamento, reassumindo a sua condição de protestante. Marguerite morreu em avançada idade, aos sessenta e dois anos, depois de sorver uma vida de tormentosos sofrimentos e abandono, tendo sido a única a testemunhar a morte de todos os seus familiares...

"Hercule-François de Valois, o duque de Anjou e Alençon, filho mais jovem dos monarcas franceses, possuía semelhança de conduta com seus irmãos, Marguerite e Edouard-Alexandre, nunca chegou a ostentar a primazia do poder francês, expirando antes de seu irmão Edouard, aos breves vinte e nove anos de idade...

"Joan e Victoria de Valois, filhas gêmeas de Catherine e Henri, morreram ao nascer; depois delas nunca mais Catherine gerou outra criança..."

Ainda lendo nos registros imponderáveis daquele palácio os experimentos dos entes familiares que ali viveram, percebia com langor, somente décadas depois, os gravames espirituais aos quais se lançaram...

Isabelle prosseguiu, capturando as narrativas acerca da própria família querida, qual se oculto discursador as oferecesse para seu aprendizado e advertência.

As vidas daqueles aos quais se unira pelos laços do sangue passavam em revista à sua apreciação tardia: a da mãe, altiva florentina, Catherine, filha de Lorenzo de Médici; a de seu pai, Henri II, duque de Orléans e Angoulême, nascido no memorável recanto de Saint-Germain-en-Laye, onde tantas individualidades com exacerbados compromissos sociais aportariam no decurso de alguns séculos, oriundos da vida espiritual, para novas experiências reencarnatórias, filho de François I de França e Claude de Valois, duquesa da Bretanha, seus avós paternos no recente ensaio terreno...

No entanto, ao findarem-se estes relatos, como olvidar as excelências da individualidade espiritual que animou a personalidade Diana de Poitiers, cujo inacabável amor pelo monarca Henri II, tal como o dele por ela, potente e antigo quanto o mundo, atrelou-lhes tenazmente as existências naqueles dias, num jugo de sofrimentos e revanches... Alma detentora de virtudes, Diana calou incontáveis agravos morais da orgulhosa Catherine, malgrado desfrutasse a primazia na afeição e dedicação do rei, antes da chegada da nobre italiana.

Constantemente amiga e conselheira de toda a prole de Catherine e Henri, qual irmã bondosa, os jovens incontáveis vezes acorreram aos seus conselhos ajuizados, camuflando cuidadosamente as ocorrências da rigorosa genitora. Pelos séculos vindouros, Diana de Poitiers se tornaria a boa amiga, em prol da presunçosa grei Valois-Angoulême, a sustentar-lhe nas lutas e ressarcimentos indispensáveis.

Em ciclópica velocidade, nenhum deles mais existia entre os viventes na esfera física, que prosseguia oferecendo seu solo dadivoso e fecundo para as pelejas das almas em redenção, no caudal dos experimentos indispensáveis.

O *palais du Louvre* dera lugar a outras individualidades. O painel político e social da bela Paris, coração cultural e artístico do mundo, gradualmente transmutava-se, enriquecia-se, apurava-se em seus valores éticos, morais e espirituais, oferecendo suas pródigas paisagens para diferentes espíritos na busca dos experimentos transformadores.

A alma em jornada solitária que havia encorpado em recente período a esplêndida e fugaz roupagem física de Isabelle de Valois, agora muito mais lúcida e segura de si mesma, desde aquela primeira visita espiritual a Paris, na noite fatídica do casamento da irmã Marguerite, lançou-se para fora da portentosa habitação...

Em meio aos magníficos jardins floridos, ainda guardando a majestade dos tempos de sua meninice, fitou demoradamente o horizonte azulino de um verão cálido... Aspirou os perfumes das flores que em soberba mescla de cores dançavam alegremente ao sabor de leve viração, abandonou-se em meio às fragrâncias divinais a impregnarem completamente a atmosfera... Encantou-se com as revoadas da passarada, de árvore em árvore, de arbusto em arbusto, para depois de encantadoras evoluções pelos céus partirem como arautos de Deus, cantando hosana ao Senhor da Vida...

Pérolas de gratidão rolaram dos olhos através da face do translúcido vulto espiritual, tocado no mais sagrado do ser, enquanto deixava para trás a casa real do Louvre, suas suntuosas instalações, os seus vergéis, junto a todas as lembranças mais carinhosas de sua infância, rumando na direção das paragens espirituais que o acolhiam.

A antiga menina Isabelle Valois ou Elizabetta de Espanha certificava-se de que aquele era um capítulo que se virava no livro de suas existências inacabáveis. Conhecia que o futuro lhe legaria outros ensaios, diferentes oportunidades, novos reencontros, portanto fazia-se imperioso apagar de forma serena e conformada aquilo que precisava remanescer no passado...

Projetando uma última vez o fitar melancólico na velha Paris de sua valiosa infância, de tantas recordações, agradeceu a Deus em oração mui contrita por não mais se encontrar a atmosfera da querida urbe, tão saturada dos miasmas pestilenciais, decorrentes da infausta madrugada de agosto do ano 1572...

Certamente a piedade divina já impetrava milhões de renascimentos; diferentes espíritos oriundos de longínquas e diversificadas culturas regressavam à vida física em França e, quem sabe, os espíritos dos grandes comprometidos franceses, líderes e políticos; burgueses e ministros; acólitos e serviçais, o fariam bem afastados dali, quiçá, em países mui longínquos...

Tudo aquilo lhe perpassava na tela mental em velocidade vertiginosa, enquanto distanciava-se cada vez mais daquele panorama europeu.

Indubitavelmente aqueles últimos granjeariam, por beneplácito de Deus, os devidos reencontros com as suas vítimas de antanho, necessitando sedimentar posturas renovadas, instaurar novos valores, definitivamente instruírem-se sobre o perdão, a benevolência, a simplicidade, o desprendimento, em penhor de um inadiável ajustamento diante da objurgatória do Alto...

Posto que tudo na vida conspira para a evolução, todas as coisas convergem para a aprendizagem imorredoura do espírito, em novos recomeços, em penhor da instauração sempre mais eficaz de valores superiores, para que todos os seres alcancem num tempo futuro a excelsa glória em Cristo Jesus.

"Deus é amor",[70] asseverou o discípulo amado do Cristo, João, e esse amor sem dúvida há de constantemente aprovisionar meios para que a luz mirífica do *Evangelho* redentor, bem como novos conhecimentos, iluminem as ações daquelas almas réprobas – terrivelmente acumpliciados com os descalabros sociais –, para que logrem colocar em prática, um dia, a divisa cristã:

> E ao que demandar convosco e vos tirar a túnica, deixai com ele também a capa. Se alguém vos obrigar a caminhar uma milha, vades com ele duas. Dai a quem vos pede e não volteis as costas para quem vos toma emprestado.

Nathanael
Muriaé, MG, em 24 de agosto de 2006

[70] Epistola de João 4,8.

Apêndice

Todas as migalhas que caem da mesa de Deus são sagradas.

São João da Cruz

Preclaros irmãos, este romance histórico foi composto mediunicamente por dois autores espirituais, Victor Marie Hugo e Nathanael, que mais diretamente tem secundado os meus singelos empenhos espirituais. Ambos interatuaram em toda a composição da narrativa, tendo muitas vezes as suas ideias se mesclado num único capítulo, sem que eu pudesse ajuizar quando a direção partia de um espírito ou de outro. Nesses momentos, percebia-os a meu lado e um jorro profuso de excelentes subsídios acometia-me a mente restrita, acompanhado de indescritíveis imagens e emoções, julgando-me, em alguns lances, inapta a oferecer forma às belezas que capturava. Confesso, com modesta lisura, que tudo que consegui filtrar está muito aquém dos transportes de puro júbilo, das profundas orientações e da grandeza literária que me foram abonados pelas almas impolutas.

Inegavelmente instantes existiram que *monsieur* Hugo, espírito que me inspira veneração e respeito indizíveis, esteve exclusivamente presente comigo, conduzindo, de modo direto, específicas partes do romance mediúnico. Da mesma forma, Nathanael o fez inteiramente a sós, em outras partes.

Quanto aos créditos meramente historiográficos relativos às épocas, locais e datas insertos no romance, os instrutores espirituais jamais me dispensaram da preparação pela pesquisa, depois de me apontarem o período histórico a ser avocado, a nação e as principais personagens, de modo a balizar seguramente a narrativa, no tempo e no espaço.

Aduzo que este empreendimento literário sofreu interrupções por razão de minhas ausências em viagens doutrinárias. Portanto, somente agora, neste exato dia 24 de agosto do ano 2006, consigo enfeixá-lo...

Olho o calendário e, abismada, desperto para a data: o mesmo dia e mês do lamentável morticínio francês conhecido por Noite de São Bartolomeu, em pleno reinado de Carlos IX. Coincidência? Não creio!

Terminando esta nota, que se estende mais do que o desejado, permeio algo com os corações queridos que afetuosamente têm recebido com deferência o labor ao qual me devoto: não há casualidade nas leis sábias do Criador; estamos sempre restituindo à vida e aos semelhantes o que deles usurpamos, nos descaminhos da ignorância.

Com pesar, testifico que ainda existem companheiros incautos e precipitados que atrelam elevação espiritual e 'destaque' à primazia dos que ostentaram os onerosos cargos sociais na terra: na política, na direção das nações, no militarismo... Franzem os cenhos e recuam reticentes quando a espiritualidade, atendendo a propósitos elevados, desvela-os de determinados espíritos, coadunando-lhes a específicas reencarnações.

Se algo superior ou proveitoso fizeram, certamente porque remanesciam junto deles os verdadeiramente grandes a sustentarem-lhes os ardorosos empenhos, em prol do progresso das sociedades. Se podemos apontá-los especificamente nos períodos devassados por esta obra, ei-los: monja Teresa d'Ávila, frei Pedro de Alcântara, frei Juan de Mariana, beato Eugênio de Pisa, são João da Cruz, dom Ruy Gómez, a criada dona Maria Tomacita Herrera, dentre tantos, lídimos e especiais servidores de Jesus Cristo...

Os demais nomes atrelados à corte francesa e espanhola, os ministros e nobres que tiveram os seus ensaios evolutivos no Século de Ouro Espanhol, a encorparem esta despretensiosa narrativa são meros coadjuvantes daqueles veros cristãos, eleitos de Deus e servos de Jesus Cristo.

Helaine Coutinho Sabbadini

Muriaé, MG, em 24 de agosto de 2006

Há exatos 434 anos da Noite de São Bartolomeu

SONETO-EPITAPHIO

A la muerte de la reina
Doña Elizabetta de Valois

Aquí el valor de la española tierra,
Aquí la flor de la francesa gente,
Aquí quien concordó lo diferente,
De oliva coronando aquella guerra;

Aquí en pequeño espacio veis se encierra
Nuestro claro lucero de Occidente;
Aquí yace encerrada la excelente
Causa que nuestro bien todo destierra.

Mirad quién es el mundo y su pujanza,
Y cómo de la más alegre vida
La muerte lleva siempre la victoria.

También mirad la bienaventuranza
Que goza nuestra reina esclarecida
En el eterno reino de la gloria.

Miguel de Cervantes[71]

---

[71] Miguel de Cervantes y Saavedra, romancista, dramaturgo e poeta espanhol. Nasceu em Alcázar de San Juan no ano 1547, morreu em Madri, a 23 de abril de 1616. Sua mais célebre produção em castelhano foi *Don Quixote de la Mancha*. Filho de um cirurgião de nome Rodrigo e de dona Leonor de Cortinas. No ano 1569, foge para a Itália depois de um duelo com dom Antonio Sigura, ocasião em que já havia publicado os quatro sonetos em honra a falecida dona Elizabetta de Espanha, esposa de Felipe II, dama muito apreciada pelos espanhóis. Envolvido na batalha de Lepanto tem comprometida a mão esquerda e durante a sua volta, de Nápoles até Espanha, é capturado por corsários argelinos e despende parte de tempo junto ao império Otomano, até 1580. Paga um resgate e é liberado, voltando a sua terra natal, ocasião em que se casa com dona Catalina de Salazar, passando a viver em Esquivias, vilarejo de la Mancha, onde nasceu a esposa, dedicando-se nesta época ao teatro. No ano 1585. publica *A Galatea*, sua primeira composição no novo estilo elegante da novela pastoral. Secundado por alguns amigos, qual o influente Luiz Gálvez de Montalvo, Cervantes é apresentado a um requintado publico. Viaja pela Andaluzia como comissário de provisões da Invencível Armada

SONETO-EPITÁFIO

À morte da rainha
Dona Isabelle de Valois[72]

Aqui, o valor da espanhola terra,
Aqui, o primor da francesa gente,
Aqui quem concordou com o diferente,
De oliva coroando aquela guerra;

Neste curto espaço vê que se encerra
Nosso brilhoso lustre do Ocidente;
Aqui jaz acabada a excelente
Causa que nosso bem todo desterra.

Olha de quem do mundo é a pujança,
E como da mais pura e alegre vida
A morte sempre consegue a vitória.

Olha também a bem-aventurança
Que goza nossa Esposa esclarecida
No eterno Reino da sagrada glória.

Miguel de Cervantes

---

para fincar residência em Sevilha.Trabalha como cobrador de impostos e é preso em 1597, depois da quebra do banco onde depositava a arrecadação, quando cria *Don Quixote de la Mancha*, obra que começa a redigir na prisão. Por fim, em 1605, publica a primeira parte de sua principal obra: *O engenhoso fidalgo dom Quixote de la Mancha*, contudo a segunda parte só tomaria vida pública em 1615: *O engenhoso cavaleiro dom Quixote de la Mancha*. O nome de Miguel de Cervantes, num curtíssimo espaço de tempo, passaria a ser ovacionado em Inglaterra, França, Itália, além de sua pátria, Espanha. Durante a construção de *Don Quixote*, aparecem as *Novelas exemplares*, *Viagem do parnaso*, bem como publica oito comédias e oito entremeses inéditos em seu estilo. Miguel de Cervantes morreu provavelmente vitimado por diabetes, alcançando ao termo da existência uma especial serenidade de espírito. (Nota autorizada pelo autor espiritual.)

[72] Este foi o primeiro soneto de Miguel de Cervantes e, provavelmente, o primeiro texto de sabor literário escrito pelo gênio das letras, quando contava pouco mais de vinte anos de idade, em 1569, pela morte de Isabelle de Valois. (Nota autorizada pelo autor espiritual.)

Al túmulo del rey Felipe II, en Sevilla

Alto señor, cuya potencia
Sujetas trae mil bárbaras naciones
Al desabrido yugo de obediencia,
A quien los negros indios con sus dones
Reconocen honesto vasallaje
Trayendo el oro acá de sus rincones.

Miguel de Cervantes[73]

Ao túmulo do Rei Felipe II, em Sevilha

Grande Senhor, cuja potência,
Sujeitou a si mil bárbaras nações
A um potente jugo de obediência,
A quem os brunos índios com seus patrões
Depositaram sincera vassalagem
Trazendo o ouro de seus rincões.

Miguel de Cervantes

[73] Cervantes afirmava que este soneto depositado na lápide de Felipe II de Espanha traduzia a 'honra principal de seus escritos'. (Nota autorizada pelo autor espiritual.)

Soneto-Epitáfio

À Rainha Isabelle de Valois

Sereníssima rainha na qual se exala
O que Deus pode dar a um ser humano:
Amparo universal ao ser cristiano,
De quem a santa fama nunca cala:

Escudo venturoso, em cuja fina malha,
Se veste o grande Felipe soberano,
Ínclito rei do extenso solo hispano,
A quem o destino e o mundo avassalam:

Qual ingênuo poderia aventurar-se,
A alardear o bem que é desvelado,
O que já em divino veio converter-se?

Que, por ser mortal, há de acovardar-se
E, assim, é melhor sentir calando,
Tudo aquilo que é difícil de dizer-se.

Miguel de Cervantes

Cânticos

pela Morte de Isabelle de Valois[74]

(...) Dirá, a morte que encerra,

A causa de nossa guerra,
Para o nosso escarcéu:
Que, as coisas que são do Céu,
Não as merecem a Terra.

Às culminâncias subiste

No grande amor que mostraste,
Agora para o Alto evadiste
Mas, na terra nos legaste
As prendas que mais amaste:

Isabel Eugênia Clara,

Catalina, muito cara,
Intensos luzeiros dos seus!
Não queira e permita Deus
Se mostre a morte avara!

Miguel de Cervantes

---

[74] A intenção na tradução e anotação dos sonetos de Cervantes, compostos no verdor de sua vida literária, deveu-se à simples comprovação dos papéis político, histórico e afetivo do casal, Elizabetta e Felipe de Espanha, solicitando do leitor o abono pela não aplicação das regras de metrificação. Sobreleve-se a bela e fidedigna essência documental dos pensamentos do vate espanhol, ao mesmo tempo, operando como um narrador histórico, a validar os fatos delineados pelos autores espirituais neste romance. A médium.

Esta edição foi impressa pela Assahi Gráfica e Editora Ltda., São Bernardo do Campo, SP, em março de 2016, sendo tiradas três mil cópias em formato fechado 15,5x22,5cm, em papel Norbrite Cream 66,6 g/m² para o miolo e Ningbo Cs2 250g/m² para a capa. O texto principal foi composto em ITC Berkeley Oldstyle BT 12/13,8 medium. A capa foi elaborada por César França de Oliveira.